새 연세한국어 듣기와 읽기 2-1

연세대학교 한국어학당 편

연세대학교 출판문화원

머리말

연세대학교 한국어학당은 1959년에 설립된 한국 최초의 외국어로서의 한국어 교육 기관이다. 연세대학교 한국어학당은 그간의 역사와 명성에 걸맞게 다양한 한국어 교재 편찬 및 관련 연구를 해옴으로써 한국어 교육을 선도해 왔다. 지금까지 전 세계에서 온 약 150여 개국의 17만여 명에 이르는 한국어 학습자에게 한국어와 한국 문화를 가르쳐 왔으며, 최근에는 빠른 속도로 변화해 가는 교육 환경에 맞추어 오프라인 한국어 교육뿐만 아니라 온라인 한국어 교육 콘텐츠 개발에도 노력을 기울이고 있다. 이미 세계 각국의 한국어 학습자를 대상으로 글로벌 온라인 대중 공개 강좌(MOOC)를 개설하여 학습자들로부터 큰 호응을 얻었고 연세대학교 온라인 교육 혁신 플랫폼인 런어스(LearnUs)에도 최신 기술을 활용한 한국어 콘텐츠를 올려서 학습자들을 만나는 중이다.

연세대학교 한국어학당은 그간 일반 목적 한국어 학습자들뿐만 아니라 특수 목적 한국어 학습자들을 대상으로 정규과정, 단기과정, 대학 한국어 과정 등 다양한 교육과정을 개설 운영하면서 학습자의 요구에 부응하는 최상의 교재를 개발해 왔다. 이러한 교재들은 국내외의 한국어 교육 기관에서 교사와 학습자들의 다양한 요구를 충족시키며 양질의 한국어 교수·학습을 위해 널리 사용되고 있다.

연세대학교 한국어학당은 그간 가장 큰 호응을 받아 왔던 '연세한국어' 1급~6급의 뒤를 이을 새로운 교재로 '새 연세한국어' 시리즈를 기획 출간하게 되었다. 이 교재의 개발을 위해 한국어 교육 현장 경험이 풍부한 전문 한국어 교육학자 및 교사들이 대거 투입되었고 최상의 한국어 교수법 및 학습자 집단의 요구에 대한 이해를 바탕으로 개발 작업이 장기간에 걸쳐 수행되었다.

이번에 출간된 '새 연세한국어' 시리즈는 총 6단계로 각 단계마다 어휘와 문법 교재, 말하기와 쓰기 교재, 듣기와 읽기 교재로 구성되어 있다. '새 연세한국어 어휘와 문법'은 한국어 학습자들이 각 숙달도별로 가장 필수적으로 익혀야 하는 주요 어휘와 문법에 대한 이해와 활용을 중심으로 구성되었다. '새 연세한국어 말하기와 쓰기'는 원활한 한국어 의사소통을 위해 꼭 필요한 표현 기능을 수행할 수 있도록 말하기, 쓰기 과제를 중심으로 구성되었다. 또한 '새 연세한국어 듣기와 읽기'는 듣기, 읽기 과제를 중심으로 각 급별 숙달도에 적절한 이해 능력을 함양시킬 수 있도록 구성되었다. 이 세 권의 교재는 어휘·문법, 표현, 이해 능력의 고른 발달을 위해 패키지로 함께 사용될 수도 있고, 교육 현장 여건이나 학습자의 요구에 따라 별도로 사용될 수도 있다. 또한 어휘와 문법 교재의 경우 별도의 지침서가 무료로 제공되므로 교육 경험이 다소 부족한 국내외의 한국어 교사들에게 유용한 길잡이가 될 수 있을 것이다.

연세대학교 한국어학당은 앞으로도 전 세계의 한국어 학습자들의 요구와 기대에 부응하는 교재 개발을 위해 최선을 다할 것이다. 아울러 본 교재가 국내외에서 한국어 교육을 위해 노력을 아끼지 않는 많은 교사와 한국어 학습을 위해 노력하는 모든 학습자들에게 크게 도움이 되기를 바란다.

연세대학교 언어연구교육원

한국어학당 교재편찬위원회

일러두기

01 이 책은 <새 연세한국어 어휘와 문법2>, <새 연세한국어 말하기와 쓰기2>와 함께 한국어 초급 학습자들을 위한 교재이다.

02 이 책은 한국어 초급 학습자들이 한국어로 된 글과 말을 읽거나 듣고 이해할 수 있는 능력을 키우기 위해 구성된 이해 능력 개발 교재이다.

03 이 책은 총 20과이며 각 과는 2개 항으로 구성되어 총 40개 항이 있다. 그리고 2개 과마다 복습을 할 수 있도록 복습 10개 항을 구성하였다. 각 항은 각각 50분 수업 분량으로 이 책은 총 50개 항으로 구성되어 있다. 복습 항마다 한국 문화에 대한 소개가 있다.

04 이 책의 각 항은 '제목, 학습 목표, 준비해 봅시다, 들어 봅시다, 읽어 봅시다, 따라해 봅시다. 정리해 봅시다'의 5단계로 구성되었다.

05 각 과의 제목은 <새 연세한국어 어휘와 문법 2>와 동일하나 각 항의 제목은 해당 항의 내용을 대표할 수 있는 개념으로 항의 제목을 설정하였다. 또한 제목 옆에 QR코드를 넣어 녹음된 내용을 쉽게 확인할 수 있도록 하였다.

06 학습 목표는 '-을 이해할 수 있다', 또는 ' ~ 관련 내용을 이해할 수 있다'와 같이 이해 기능이 드러나도록 기술하였다.

07 '준비해 봅시다'는 각 항의 들어가기에 해당되며 해당 단원의 읽기와 듣기 내용의 이해를 돕기 위한 준비 단계이다. 단원 학습 내용과 관련된 필수적인 어휘 학습으로 구성된다. 그러나 단순 어휘 학습이 아니라 이해 교재의 특성이 잘 반영될 수 있도록 문장이나 맥락 안에서 사용된 어휘를 접하도록 하여 학습자들의 이해를 돕고자 하였다.

08 '들어 봅시다'는 구어를 통해 실생활에서 활용 가능한 의사소통 능력을 배양할 수 있도록 하였다. 듣기 지문의 경우 문장 단위에서 시작하여 대화, 그리고 담화로 듣기 단위를 순차적으로 확대하여 제시하였으며 짧은 것에서 긴 것으로, 쉬운 것에서 어려운 것으로 단계를 구분하여 제시하였다.

09 '읽어 봅시다'는 초급 단계의 학습 목표에 따라 일상생활에서의 문어 의사소통 능력을 향상시키는 데 초점을 두어 일상생활과 관련된 내용을 담고 있는 다양한 유형의 글(메모, 일기, 이메일, 광고, 초대장, 블로그나 인터넷 게시판의 글 등)을 읽고 내용을 파악하도록 하였다.

10 '따라해 봅시다'는 발음 연습을 위한 부분으로 교재의 읽기 지문이나 듣기 지문에 제시된 어휘 중에 음운 변화가 포함되거나 학습자의 오류율이 높은 발음을 단원별로 선정하여 동일한 규칙을 포함한 어휘를 제시하였고 이 어휘가 포함된 문장도 함께 제시하였다.

11 '정리해 봅시다'는 학습한 내용을 학습자 스스로 확인 및 점검을 하면서 다른 언어 능력과의 통합 교육을 통해 언어 능력을 강화하고자 설정한 부분이다. 이 부분에서는 듣기와 읽기로 학습한 내용을 말하기 또는 쓰기 활동과 통합할 수 있도록 구성하였다.

12 '복습'에서는 선행 학습된 2개 과의 어휘와 문법, 내용을 활용할 수 있도록 읽기와 듣기의 두 부분으로 구성되었다. 각 항에서 배운 내용을 감안하여 듣기나 읽기 중 한 기능에 초점을 두고 다른 한 기능을 연계시켜 통합적인 학습이 가능하도록 유도하였다.

13 '문화'는 복습 항 마지막 부분에 문화 텍스트가 삽화 자료와 함께 제시된다. 문화 항목 중 이해 교재의 특성에 부합하는 내용을 선정하여 정보 문화 중심으로 구성하였다.

14 '부록'에는 정답과 어휘 색인 목록을 제시하였으며, 별책에 읽기 번역과 듣기 지문 및 번역을 함께 실었다.

단원 구성

과	제목	학습 목표	문법	문화(복습항)
1과 인사와 소개	1. 안부 인사	안부를 묻고 대답하는 내용을 이해할 수 있다.	-게[1], -어지다	호칭
	2. 소개	직장과 전공을 소개하는 내용을 이해할 수 있다.	-은 지, -으려고	
2과 친구와 가족	1. 내 친구	친구를 묘사하고 소개하는 내용을 이해할 수 있다.	-네요, -겠다[2]	
	2. 가족과 친척 모임	가족 및 친척 소개와 가족 모임의 내용을 이해할 수 있다.	-을 때, 의	
3과 고향	1. 친구의 고향	고향의 위치와 환경을 설명하는 내용을 이해할 수 있다.	-만에, -어 보다[1]	한국인의 집
	2. 아름다운 내 고향	고향의 자연 환경과 생활 모습을 묘사하는 내용을 이해할 수 있다.	-기 때문에, -는데[2]	
4과 집	1. 이사	이사를 준비하고 집을 찾는 내용을 이해할 수 있다.	-었으면 좋겠다, -어야겠다	
	2. 내가 사는 집	집안일과 내가 살고 있는 집을 소개하는 내용을 이해할 수 있다.	-는 중이다, -나요?	
5과 음식	1. 음식 소개	음식을 먹는 방법을 소개하는 내용을 이해할 수 있다.	-어 보다[2], -는데[3]	광장 시장
	2. 음식 재료와 요리	음식 재료와 요리법을 설명하는 내용을 이해할 수 있다.	-은 적이 있다, 에다가	

과	제목	학습 목표	문법	문화(복습항)
6과 시장	1. 편의점	쇼핑 장소를 소개하는 내용을 이해할 수 있다.	-을까요?[3], -을 거예요[2]	광장 시장
	2. 인터넷 쇼핑몰	쇼핑 장소를 추천하는 내용을 이해할 수 있다.	-는데[4], -어 하다	
7과 쇼핑	1. 사고 싶은 물건	물건을 사는 상황과 사고 싶은 물건을 묘사하는 내용을 이해할 수 있다.	-어도 되다, -으면 안 되다	집들이 선물
	2. 물건 소개	산 물건을 소개하고 팔고 싶은 물건을 묘사하는 내용을 이해할 수 있다.	ㅎ동사, 얼마나 -는지 모르다	
8과 초대	1. 모임 초대	모임을 소개하고 초대하는 내용을 이해할 수 있다.	-어, -을까 하다	집들이 선물
	2. 집들이 선물	선물 준비와 집들이에 관련된 내용을 이해할 수 있다.	-어 가지고, -지 마	
9과 약속	1. 약속 시간과 장소 정하기	만남이나 모임을 위해 친구와 약속하는 내용을 이해할 수 있다.	-는다, -니?, -을게요	인기 약속 장소
	2. 약속 바꾸기	약속을 바꾸거나 취소하는 내용을 이해할 수 있다.	-어라, -자, -게 되다	
10과 부탁	1. 친구에게 부탁하기	개인적으로 부탁하고 부탁 받는 내용을 이해할 수 있다.	-을래요?, -었다가[1]	
	2. 사무실에서 부탁하기	모르는 사람에게 부탁하거나 공공 기관에서 부탁하는 내용을 이해할 수 있다.	-습니다만, -는지 알다	

차례

등장인물 | Main characters

에릭 파커
- 미국
- 한국어학당 학생
- 한국 전자 직원

존 카마우
- 케냐
- 한국어학당 학생
- 교환 학생

사토 유키
- 일본
- 한국어학당 학생
- 기자

리타오
- 중국
- 한국어학당 학생
- 대학 입학 예정자

노라 한슨
- 노르웨이
- 한국어학당 학생
- 대학원 입학 예정자

최주앙
- 브라질
- 한국어학당 학생
- 대학 휴학생

응웬 흐엉
- 베트남
- 한국어학당 학생

레오 마르탱
- 프랑스
- 한국어학당 학생
- 요리사

올리비아 스미스
- 호주
- 한국어학당 학생
- 외교관

이윤아
- 한국
- 대학생

정하늘
- 한국
- 대학생

김우진
- 한국
- 한국 전자 직원

새 연세한국어

듣기와 읽기 2-1

01 1과

인사와 소개

1. 안부 인사

MP3 / 01

• 학습 목표: 안부를 묻고 대답하는 내용을 이해할 수 있다.

I. 준비해 봅시다

어디에서 일을 합니까? 일하는 곳을 연결하십시오.

1) 

저는
KBC 뉴스 기자
한석호입니다.

• • ① 잡지사

2) 

저는 박미경인데요,
여행 잡지를 만들어요.

• • ② 방송국

3) 

저는 외국에 물건을
파는 일을 합니다.

• • ③ 항공사

4) 

반갑습니다.
저는 비행기
스튜어디스예요.

• • ④ 무역 회사

II. 들어 봅시다

1 한국에서 어떻게 지냅니까? 문장을 듣고 알맞은 그림을 고르십시오.

1) (　　　)　2) (　　　)　3) (　　　)　4) (　　　)

①

②

③

④

잡지사　방송국　항공사　무역 회사　스튜어디스　지내다

2 이 사람의 한국 생활은 어떻습니까? 이야기를 듣고 맞는 그림에 ✔하십시오.

(　　)

(　　)

(　　)

(　　)

(　　)

(　　)

(　　)

(　　)

[3-4] 대화를 듣고 질문에 답하십시오.

3 알맞은 그림을 연결하십시오.

1)  • • ❶ 

2)  • • ❷ 

4 맞으면 O, 틀리면 X 하십시오.

1) 노라 씨는 지난주부터 중국어를 공부합니다. (　　)

2) 노라 씨는 중국어에 익숙해졌습니다. (　　)

처음 즐겁다 열심히 익숙하다 건강하다 곧

1-1

[5-7] 대화를 듣고 질문에 답하십시오.

5 대화를 듣고 이름과 알맞은 그림을 연결하십시오.

1) 주앙　　　2) 에릭　　　3) 올리비아

① 

② 

③ 

6 맞는 것을 고르십시오. (　　)

① 에릭 씨는 회사원입니다.
② 세 사람은 같이 부산에 여행을 갔습니다.
③ 주앙 씨는 부산에 있는 여행사에서 일합니다.
④ 올리비아 씨는 연휴에 학교에서 공부했습니다.

7 주앙 씨는 여행을 하고 무엇이 좋아졌습니까?

__________, __________

III. 읽어 봅시다

최수지 선생님께

선생님 안녕하세요? 저 흐엉이에요. 오랜만에 인사드려요. 그동안 안녕하셨어요? 계속 바쁘게 지내세요?

저는 고향에서 즐겁게 지내고 있어요. 가족들과 맛있는 고향 음식도 먹고 친구들과 같이 여행도 다녔어요.

한국은 많이 추워졌지요? 다음 달에 한국에 돌아가야 하는데 날씨가 걱정이에요. 그리고 한국말도 걱정이에요. 방학 동안 고향에서 한국말을 공부하지 않아서 많이 잊어버렸어요. 그래도 한국에 돌아갈 생각을 하면 기분이 좋아져요. 선생님과 친구들을 만나서 다시 재미있게 한국어를 공부하고 싶어요.

그럼 다음 달에 학교에서 만나서 다시 인사드릴게요. 그때까지 안녕히 계세요.

2019. 12. 10

흐엉 올림

연휴　다녀오다　오랜만　다니다　걱정　잊어버리다

1 이 글은 어떤 글입니까? (   )

❶ 일기 ❷ 편지 ❸ 메모 ❹ 문자 메시지

2 맞는 것을 고르십시오. (   )

❶ 이 글은 흐엉 씨가 읽을 겁니다.
❷ 흐엉 씨는 지금 한국에 있습니다.
❸ 흐엉 씨는 다음 달에 학교로 돌아갈 겁니다.
❹ 흐엉 씨는 방학 동안 한국말을 열심히 공부했습니다.

3 다음 중 고향에 있는 흐엉과 어울리는 말을 모두 찾아 ○표 하십시오.

바빠요	즐거워요	추워요
여행해요	한국어를 공부해요	가족을 만나요
학교에 다녀요	선생님을 만나요	맛있는 음식을 먹어요

Ⅳ. 따라해 봅시다

<모음1>

/ㅏ/	/ㅓ/	/ㅗ/	/ㅜ/	/ㅡ/	/ㅣ/
바빠요	걱정	공부	운동	그럼	기분

- 요즘 **공부할** 것이 많아서 **바빠요.**
- 건강이 **걱정되면 운동을** 하세요.
- 산책합시다. **그럼 기분이** 좋아질 거예요.

Ⅴ. 정리해 봅시다

1. 여러분은 요즘 어떻게 지내십니까?
2. 친구와 오랜만에 만났습니다. 어떻게 인사합니까?

글 일기 편지 메모

01과 인사와 소개

2. 소개

MP3 / 02

• 학습 목표: 직장과 전공을 소개하는 내용을 이해할 수 있다.

Ⅰ. 준비해 봅시다

이 사람들은 무엇을 전공했을까요? 알맞은 것과 연결하십시오.

1) 

저는 한국어를 가르쳐요. • • ❶ 의학

2) 

저는 아픈 환자를 보면 도와주고 싶어요. • • ❷ 경제학

3) 

저는 은행에서 일한 지 3년 됐어요. • • ❸ 국어 국문학

4) 
저는 별 보는 걸 좋아합니다. • • ❹ 천문 우주학

Ⅱ. 들어 봅시다

1 문장을 듣고 맞는 그림에 ✔하십시오.

1)  ❶ (　　　)

❷ (　　　)

2)  ❶ (　　　)
 ❷ (　　　)

3) 

❶ (　　　)

❷ (　　　)

4) 

❶ (　　　)
 ❷ (　　　)

의학　경제학　국어 국문학　천문 우주학　돕다　별　고등학교　졸업하다

2 이야기를 듣고 순서대로 쓰십시오.

❶ 한국에 왔어요. ❷ 한국 드라마를 봤어요.
❸ 고등학교를 졸업했어요. ❹ 한국어 공부를 시작했어요.

(   ) → (   ) → (   ) → (   )

[3-4] 대화를 듣고 질문에 답하십시오.

3 대화를 듣고 표에 쓰십시오.

	전공	일하고 싶은 곳
존		
하늘		

4 맞으면 O, 틀리면 X 하십시오.

1) 두 사람은 대학교를 졸업했습니다. (   )
2) 두 사람은 직업을 바꾸려고 합니다. (   )

[5-7] 대화를 듣고 질문에 답하십시오.

5 두 사람에게 알맞은 단어를 찾아 연결하십시오.

1) 

2) 

• ❶ 무역 회사
• ❷ 방송국
• ❸ 한국어학당
• ❹ 경영학
• ❺ 신문 방송학

신문 방송학 전공 컴퓨터 공학 교수 경영학 멋있다

6 맞는 것을 고르십시오. (　　)

❶ 알렉스 씨는 한국 방송국에서 일합니다.
❷ 알렉스 씨는 한국어를 여섯 달 동안 공부했습니다.
❸ 미선 씨의 회사는 미국에 있어서 미국에 자주 갑니다.
❹ 미선 씨는 알렉스 씨와 경영학을 공부하고 싶어 합니다.

7 맞으면 O, 틀리면 X 하십시오.

1) 알렉스 씨와 미선 씨는 친구입니다. (　　)
2) 두 사람은 회사 일을 하려고 만났습니다. (　　)

한국대학교

자기 소개서

[전공 및 학습 계획]

저는 독일 베를린 대학교에서 아시아학을 전공했습니다. 고등학교 때 한국 친구와 중국 친구를 만난 후에 아시아 문화에 관심이 생겨서 아시아학을 공부했습니다. 그런데 대학교에서 한국 문화 수업을 듣고 한국 문화를 더 자세히 알고 싶어졌습니다. 그래서 혼자 열심히 한국 문화 책도 보고 한국의 영화와 방송을 찾아서 봤습니다.

한국 문화를 잘 알고 싶으면 한국어가 필요합니다. 그래서 대학교를 졸업하고 한국어를 배우려고 한국으로 유학을 왔습니다. 한국에서 한국어를 공부한 지 1년쯤 됐습니다.

그리고 이제 한국 문화를 좀 더 자세히 공부하고 싶어서 대학원에서 한국학을 전공하려고 합니다. 아직 독일에는 한국 문화를 잘 모르는 사람이 많습니다. 제가 이 학교에 입학하면 한국의 문화를 열심히 공부해서 한국을 잘 이해하고 싶습니다. 그래서 좋은 한국의 문화를 독일에 소개하겠습니다.

소개　자기 소개서　필요하다　및　학습　아시아　관심　생기다　자세히　유학　입학하다　이해하다

1 이 사람은 왜 이 글을 썼습니까? (　　)

① 한국어를 배우려고 썼습니다.
② 대학교를 졸업하려고 썼습니다.
③ 대학원에 들어가려고 썼습니다.
④ 독일에 한국을 소개하려고 썼습니다.

2 이 사람은 대학교에서 무엇을 전공했습니까? 대학원에서 무엇을 전공하려고 합니까?

대학교	대학원

3 맞지 않는 것을 고르십시오. (　　)

① 고등학교 때 한국 친구가 있었습니다.
② 한국에서 한국말을 1년 동안 공부했습니다.
③ 독일에 한국 문화를 모르는 사람이 많습니다.
④ 대학교 수업에서 한국 영화와 방송을 공부했습니다.

V. 따라해 봅시다

<모음2> /ㅔ/ /ㅘ/ /ㅙ/ /ㅢ/

이제 문화 왜 의학

- **왜 이제** 왔어요?
- 한국 **문화를** 배우고 싶어요.
- **의학을** 전공할 거예요.

V. 정리해 봅시다

1. 언제 한국어 공부를 시작했습니까? 왜 한국어를 배웁니까?
2. 친구들에게 직업과 전공을 소개해 보십시오.

02과 친구와 가족

1. 내 친구

MP3 / 03

• 학습 목표: 친구를 묘사하고 소개하는 내용을 이해할 수 있다.

Ⅰ. 준비해 봅시다

누구를 이야기합니까? 알맞은 것을 연결하십시오.

1) 

2) 

3) 

4) 

- ① 잘생겨서 인기가 많아요.
- ② 운동을 해서 날씬해졌어요.
- ③ 책을 많이 읽어서 똑똑해요.
- ④ 목소리가 좋아서 아나운서가 됐어요.

Ⅱ. 들어 봅시다

1 문장을 듣고 알맞은 대답을 고르십시오.

1) 
( )

2) 
( )

3) 
( )

4) 
( )

① 참 착하네요.

② 귀여운데 조금 뚱뚱하네요.

③ 어렸을 때는 머리가 짧고 안경을 꼈네요.

④ 영어를 잘하겠네요.

잘생기다 날씬하다 똑똑하다 목소리가 좋다 아나운서 착하다 귀엽다 뚱뚱하다 어리다 안경을 끼다

2 문장을 듣고 알맞은 대답을 연결하십시오.

1) • • ❶ 인기가 많겠어요.
2) • • ❷ 날마다 바쁘겠어요.
3) • • ❸ 많이 피곤하겠어요.
4) • • ❹ 정말 반가웠겠어요.

[3-4] 대화를 듣고 질문에 답하십시오.

3 왕샤오링 씨는 누구입니까? (　　)

❶ 에릭 씨 고향 친구　　❷ 에릭 씨 회사 친구
❸ 리타오 씨 고향 친구　　❹ 리타오 씨 회사 친구

4 맞으면 O, 틀리면 X 하십시오.

1) 왕샤오링 씨는 대학원에서 한국어를 공부합니다. (　　)
2) 에릭 씨는 회사원입니다. (　　)

[5-7] 대화를 듣고 질문에 답하십시오.

5 유키 씨의 한국 친구와 관계있는 것을 연결하십시오.

1) 미선 •
2) 영수 •

• ❶ 귀엽다
• ❷ 친절하다
• ❸ 재미있다
• ❹ 키가 크다
• ❺ 눈이 크다
• ❻ 머리가 짧다
• ❼ 성격이 밝다

6 유키 씨는 지난달에 한국 친구들과 무엇을 했습니까?

성격이 좋다　교육학　경주　성격이 밝다

7 맞으면 O, 틀리면 X 하십시오.

1) 유키 씨는 제주도에서 미선 씨를 처음 만났습니다. ( )
2) 영수 씨는 제주도에서 대학교에 다닙니다. ( )
3) 흐엉 씨는 아직 한국 친구가 없습니다. ( )

III. 읽어 봅시다

제목 친구를 찾습니다.

저는 러시아에서 온 마리아입니다. 3개월 전에 한국에 왔습니다. 오전에는 한국어학당에서 한국어를 배우고 있는데 수업이 끝나면 특별히 할 일이 없습니다. 도서관에 가서 공부를 하는 날도 있고 공원에 가서 산책을 하는 날도 있습니다. 친구가 없어서 혼자 시간을 보내고 공부하니까 조금 지루할 때가 있습니다. 그래서 수업이 끝나고 만나서 공부도 하고 같이 놀 수 있는 친구를 찾으려고 합니다.

저는 성격이 밝고 이야기하는 것을 좋아합니다. 작년에는 일본에서 공부를 했고, 올해는 한국에 유학을 왔습니다. 한국 노래를 좋아해서 날마다 음악을 듣고 노래방에 가끔 갑니다. 저와 취미가 같아서 함께 노래방에 갈 수 있는 친구를 만나면 좋겠습니다. 저와 같이 공부하면서 친구가 되실 분은 연락해 주십시오.

↳ 일본에서 공부했네요. 일본어도 잘하겠어요.

↳ 한국 노래를 좋아하시는군요. 저도 노래방에 가는 것을 좋아하는데 전화 드리겠습니다.

↳ 저도 요즘 친구가 없어서 심심해요. 같이 공부하고 놀면 재미있겠네요.

지루하다

1 이 사람은 누구를 찾고 있습니까? (　　)

① 같이 공부할 친구
② 방을 같이 쓸 친구
③ 일본어를 가르쳐 줄 친구
④ 한국어학당에 같이 다닐 친구

2 맞지 않는 것을 고르십시오. (　　)

① 마리아는 한국에 온 지 3개월 됐습니다.
② 마리아는 성격이 밝고 이야기하는 것을 좋아합니다.
③ 마리아는 일본어를 공부하러 일본에 가려고 합니다.
④ 마리아는 한국 노래를 좋아해서 노래방에 가끔 갑니다.

3 마리아는 친구하고 무엇을 하고 싶어 합니까?

Ⅳ. 따라해 봅시다

<모음3>	/ㅐ/	/ㅕ/	/ㅚ/	/ㅝ/	/ㅠ/
	노래	여자	회사	뭐	유학

- 제 **여자** 친구는 **노래**를 좋아해요.
- **회사** 이름이 **뭐**예요?
- 왜 한국에 **유학** 왔어요?

Ⅴ. 정리해 봅시다

1. 한국 친구가 있습니까? 소개해 보십시오.
2. 고향 친구와 찍은 사진이 있습니까? 사진을 보고 이야기해 봅시다.

02과 친구와 가족

2. 가족과 친척 모임

MP3 / 04

• 학습 목표: 가족 및 친척 소개와 가족 모임의 내용을 이해할 수 있다.

Ⅰ. 준비해 봅시다

누구일까요? 알맞은 것을 연결하십시오.

1) 내 동생의 아들 •	• ① 조카
2) 아버지의 형의 아내 •	• ② 외숙모
3) 어머니의 언니의 남편 •	• ③ 이모부
4) 어머니의 아버지의 아들의 아내 •	• ④ 큰어머니

Ⅱ. 들어 봅시다

1 무엇을 이야기합니까? 문장을 듣고 보기에서 알맞은 것을 골라 쓰십시오.

보기

오늘 삼촌 내일 외할머니

고향 날씨 메뉴 직업

1) ______ 의 ______ 2) ______ 의 ______

3) ______ 의 ______ 4) ______ 의 ______

2 문장을 듣고 그림에서 우리 가족을 골라 ✔하십시오.

1)

① ( ) ② ( )

2)

① ( ) ② ( )

3)

① ( ) ② ( )

4)

① ( ) ② ( )

조카 외숙모 이모부 큰어머니 삼촌 외할머니

[3-4] 대화를 듣고 질문에 답하십시오.

3 오늘은 무슨 날입니까?

4 맞으면 O, 틀리면 X 하십시오.

1) 윤아 씨는 어머니가 꽃을 좋아해서 꽃다발을 샀습니다. (　　)
2) 윤아 씨는 오늘 큰아버지와 큰어머니를 만날 겁니다. (　　)

[5-7] 대화를 듣고 질문에 답하십시오.

5 우진 씨는 주말에 어디에 갔습니까?

6 맞으면 O, 틀리면 X 하십시오.

1) 우진 씨는 주말에 가족과 친척들을 만났습니다. (　　)
2) 한국 사람들은 아이의 생일 때마다 돌잔치를 합니다. (　　)

7 우진 씨는 조카에게 무엇을 선물했습니까? 왜 그 선물을 샀습니까?

외삼촌　이모　외할아버지　생신　큰아버지　친척　돌잔치　장난감

Ⅲ. 읽어 봅시다

저는 한국에서 태어났지만 두 살 때부터 브라질에서 살아서 한국말을 잘 못해요. 아버지께서 저에게 보통 한국말로 이야기하셔서 들을 때는 괜찮은데 말하는 것은 어려웠어요. 그래서 한국어를 배우려고 한국에 왔어요. 한국에 온 지 3개월 됐는데 이제 한국말로 말하는 것에 조금 익숙해졌어요.

지난 주말에 셋째 고모의 결혼식이 있었어요. 고모부의 고향이 대전이어서 그곳에서 결혼식을 했어요. 결혼식에는 할아버지, 할머니와 많은 친척들이 왔는데, 친척들과 한국말로 이야기했어요. 모르는 것이 있을 때는 작은어머니께서 옆에서 도와주셨어요. 조금 어려웠지만 친척들과 한국말로 이야기할 수 있어서 기분이 좋았어요. 한국에서 결혼식을 처음 봤는데 브라질의 결혼식과 다르고 아주 재미있었어요.

태어나다　대전　고모부　작은어머니

1 이 사람은 지난 주말에 왜 친척들을 만났습니까?

2 맞지 않는 것을 고르십시오. (　　)

❶ 이 사람은 3개월 전에 한국에 왔습니다.
❷ 이 사람은 말하기보다 듣기가 쉽습니다.
❸ 이 사람은 결혼식이 있어서 한국에 왔습니다.
❹ 고모부가 대전 사람이어서 대전에서 결혼식을 했습니다.

3 이 사람은 왜 기분이 좋았습니까?

Ⅳ. 따라해 봅시다

<모음 어울림 1>　/ㅏ/+았→았　/ㅗ/+았→왔

샀어요　갔어요　왔어요　봤어요

- 무슨 선물을 **샀어요?**
- 돌잔치에 **다녀왔어요.**
- 한국에서 결혼식을 처음 **봤어요.**

Ⅴ. 정리해 봅시다

1. 부모님의 형제를 소개하십시오.
2. 여러분은 언제 친척들을 만납니까? 이야기해 봅시다.

복습

MP3 / 05

1 대화를 듣고 질문에 답하십시오.

1) **두 사람은 그동안 어떻게 지냈습니까?**

존	리타오

2) **맞는 것을 고르십시오. (　　)**

❶ 리타오 씨는 신문 방송학을 전공하고 싶어 합니다.
❷ 존 씨는 대학교 공부가 어려워져서 힘들었습니다.
❸ 리타오 씨는 한국 대학교에서 공부하고 있습니다.
❹ 윤아 씨는 존 씨의 친구인데 성격이 밝고 착합니다.

3) **맞으면 O, 틀리면 X 하십시오.**

❶ 두 사람은 그동안 자주 만났습니다. (　　)
❷ 존 씨는 리타오 씨를 도와줄 사람을 소개할 겁니다. (　　)

2 다음을 읽고 질문에 답하십시오.

YONSEI EMAIL

보낸 사람	yihana@hankuk.ac.kr
받는 사람	fighting_litao@yonsei.ac.kr
제　　목	안녕하세요?

리타오 씨, 안녕하세요? 존 씨의 소개를 받고 이메일을 드려요.

제 이름은 이한아예요. 대학교에서 신문 방송학을 공부하는 학생이에요. 신문 방송학을 공부한 지 2년쯤 됐어요. 처음에는 신문 방송학이 좀 어렵게 생각됐어요. 그런데 이제는 점점 재미있어지네요. 그래서 졸업 후에 방송국에서 일하려고 해요.

리타오 씨도 대학교에서 신문 방송학을 전공하려고 하지요? 혼자 준비하기가 힘들겠어요. 준비하면서 물어보고 싶은 게 있으면 연락하세요. 열심히 도와 드리겠습니다. 제 연락처는 010-2123-3464예요. 연락 기다리겠습니다.

이한아 드림

1) **이한아 씨는 왜 이 글을 썼습니까? (　　)**

① 존 씨를 소개하려고
② 존 씨의 전공을 알려 주려고
③ 리타오 씨를 도와주고 싶어서
④ 리타오 씨의 전공을 알고 싶어서

2) **맞는 것을 고르십시오. (　　)**

① 이한아 씨가 리타오 씨에게 먼저 전화할 겁니다.
② 이한아 씨는 대학교를 졸업하고 방송국에서 일하고 있습니다.
③ 이한아 씨는 대학교에서 2년 동안 신문 방송학을 공부했습니다.
④ 이한아 씨가 생각할 때 신문 방송학은 리타오 씨에게 어렵습니다.

문화

호칭

한국에서는 가족이 아닌 사람에게도 가족이나 친척 호칭을 사용합니다. 예를 들면, 친한 경우에 남성이 자기보다 나이가 많은 사람을 '형' 또는 '누나'라고 부릅니다. 친구의 어머니를 그냥 '어머니'라고 부르기도 합니다.

식당에서 일하시는 분을 부를 때 '이모'라고 하는 것도 자주 들을 수 있을 겁니다. 가족이 아닌 사람을 가족처럼 부르면 사람과 사람의 관계를 더 가깝게 만들 수 있습니다.

1. **한국에서는 가족이 아닌 사람에게 왜 가족 호칭을 씁니까?**
2. **여러분 나라에서도 특별하게 사용하는 호칭이 있습니까?**

점점　부탁하다　연락처

03과

고향

1. 친구의 고향

MP3 / 06

• 학습 목표: 고향의 위치와 환경을 설명하는 내용을 이해할 수 있다.

I. 준비해 봅시다

다음 문장과 어울리는 장소를 연결하십시오.

1) 빌딩이 많고 복잡합니다.	① 섬
2) 조용하고 경치가 아름답습니다.	② 도시
3) 바닷가가 있고 해산물이 많습니다.	③ 시골
4) 공기가 좋고 등산을 할 수 있습니다.	④ 산

II. 들어 봅시다

1 언제 했습니까? 문장을 듣고 알맞은 그림과 연결하십시오.

1) 2) 3) 4)

10년 전 3년 전 3개월 전 일주일 전 지금

빌딩 해산물 섬 도시 시골

2 대화를 듣고 이 사람이 한 일에 ✔하십시오.

1)

❶ (　　) ❷ (　　)

2)

❶ (　　) ❷ (　　)

3)

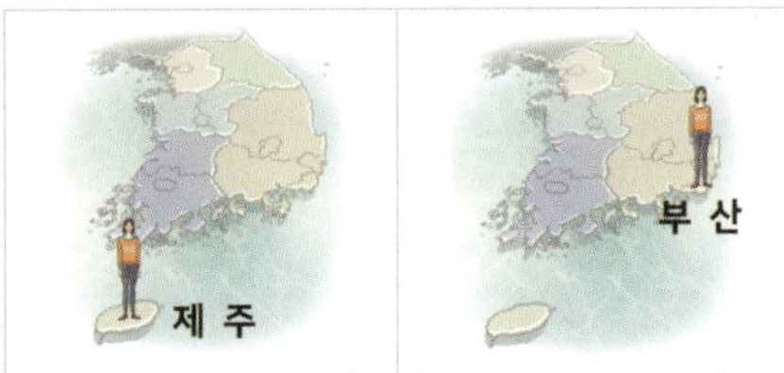

❶ (　　) ❷ (　　)

4)

❶ (　　) ❷ (　　)

[3-4] 대화를 듣고 질문에 답하십시오.

3 리타오 씨의 고향은 어디입니까? 고향이 어디에 있습니까?

고향	위치
(　　　　)	(　　　　)의 (　　　　)

4 맞으면 O, 틀리면 X 하십시오.

1) 레오 씨는 리타오 씨의 고향에 가 봤습니다. (　　)

2) 리타오 씨의 고향에는 유명한 곳이 많습니다. (　　)

[5-7] 대화를 듣고 질문에 답하십시오.

5 흐엉 씨와 노라 씨의 고향 이야기입니다. 빈칸에 알맞은 단어를 고르십시오.

흐엉 씨의 고향은 베트남의 (하노이, 호찌민)입니다.

베트남의 (남쪽, 북쪽)에 있습니다.

노라 씨의 고향은 (노르웨이, 네덜란드)의 오슬로입니다.

북쪽　유명하다　관광지　위치　하노이　호찌민　남쪽　노르웨이
네덜란드　오슬로

6 흐엉 씨는 고향에 가서 무엇을 했습니까?

__________ 을/를 만나고 __________ 을/를 먹었습니다.

7 맞는 것을 고르십시오. (   )

❶ 두 사람은 어제 만났습니다.
❷ 노라 씨의 고향에는 바다가 있습니다.
❸ 흐엉 씨는 노라 씨의 고향에 가 봤습니다.
❹ 흐엉 씨는 4개월 만에 고향에 다녀왔습니다.

III. 읽어 봅시다

저는 지난 주말에 영수 씨를 만나러 오랜만에 속초에 다녀왔습니다. 속초는 영수 씨의 고향입니다. 이번에도 영수 씨가 여기저기 안내를 잘 해 줘서 즐겁게 여행했습니다. 지금부터 속초에서 제가 가 본 곳을 소개해 드리겠습니다.

서울에서 버스를 타고 동쪽으로 두 시간쯤 가면 속초가 나옵니다. 속초에는 설악산과 동해 바다가 있어서 구경거리도 많고 할 수 있는 것도 많습니다. 설악산에 가면 등산을 할 수도 있고 케이블카로 산 위에 올라갈 수도 있습니다. 속초에서 보는 동해 바다는 정말 푸르고 깨끗합니다. 여름에는 해수욕장에서 즐거운 시간을 보낼 수 있습니다. 바다와 가까운 곳에 큰 호수도 있는데 산책을 하거나 자전거를 빌려서 탈 수 있습니다. 또 근처에 예쁜 커피숍이 많습니다. 아름다운 경치를 보면서 커피를 마시면 기분이 아주 좋아집니다. 속초에는 맛있는 음식도 많으니까 아직 못 가 보신 분들은 꼭 가십시오.

속초　동쪽　동해　구경거리　케이블카　푸르다

1 이 사람은 언제 속초에 갔습니까? 왜 속초에 갔습니까?

1) 언제

2) 왜

2 맞는 것을 고르십시오. (   )

❶ 이 사람은 속초에 처음 갔습니다.
❷ 이 사람은 속초까지 영수 씨와 같이 갔습니다.
❸ 서울에서 속초까지 버스로 두 시간쯤 걸립니다.
❹ 속초를 구경할 때 이 사람이 영수 씨를 안내했습니다.

3 장소와 관계있는 문장을 연결하십시오.

1) 설악산 •
2) 동해 •
3) 호수 •

• ❶ 등산을 합니다.
• ❷ 자전거를 탑니다.
• ❸ 케이블카를 탑니다.
• ❹ 푸르고 깨끗합니다.
• ❺ 해수욕장이 있습니다.
• ❻ 근처에 커피숍이 있습니다.

IV. 따라해 봅시다

<모음 어울림 2> /ㅓ/+었→었 /ㅜ/+었 →웠 /ㅡ/+었→었 /ㅣ/+었→였

건넜습니다 줬습니다 썼습니다 드렸습니다

• 영수가 안내를 잘 해 **줬습니다**.
• 고향에 계시는 부모님께 편지를 **썼습니다**.
• 친구가 할머니께 인사를 **드렸습니다**.

V. 정리해 봅시다

1. 여러분의 고향은 어디에 있습니까?
2. 여러분의 고향에는 무엇이 많습니까?

03과 고향

2. 아름다운 내 고향

MP3 / 07

• 학습 목표: 고향의 자연환경과 생활 모습을 묘사하는 내용을 이해할 수 있다.

Ⅰ. 준비해 봅시다

이야기의 빈칸에 알맞은 단어를 보기에서 찾아서 쓰십시오.

저는 한국에 온 지 6개월 되었습니다. 한국 생활은 재미있지만 가끔 (   )습니다/ㅂ니다. 고향에 있는 가족들이 (   )을/ㄹ 때가 많습니다. 제 고향은 한국에서 먼데 리에 씨는 고향이 가까워서 방학마다 고향에 다녀옵니다. 리에 씨가 정말 (   )습니다/ㅂ니다. 고향에 가서 가족들을 만나면 아주 (   )을/ㄹ 것 같습니다.

보기

그립다　　행복하다　　부럽다　　외롭다

Ⅱ. 들어 봅시다

1 문장을 듣고 알맞은 그림과 연결하십시오.

1)  • • ① 

2)  • • ② 

3) 

 • • ③ 

4)  • • ④ 

그립다　행복하다　부럽다　외롭다

2 이야기를 듣고 친구의 고향과 어울리는 단어에 모두 ✔하십시오.

☐ 큽니다 ☐ 작습니다 ☐ 공기가 좋습니다 ☐ 산이 있습니다
☐ 바다가 있습니다 ☐ 바쁘게 지냅니다 ☐ 한가하게 지냅니다

[3-4] 대화를 듣고 질문에 답하십시오.

3 제니 씨는 한국과 고향에서 어떻게 지냅니까? 맞는 것을 연결하십시오.

1) 고향에서 •
2) 한국에서 •

• ❶ 열심히 공부해요.
• ❷ 산책을 자주 해요.
• ❸ 친구들과 많이 놀아요.
• ❹ 가족들과 자주 전화해요.

4 맞으면 O, 틀리면 X 하십시오.

1) 제니 씨는 한국에 온 지 한 달 되었습니다. ( )
2) 제니 씨의 고향에는 아름다운 공원이 많습니다. ( )

[5-7] 대화를 듣고 질문에 답하십시오.

5 두 사람은 지금 어디에 있습니까? ( )

❶ 서울 ❷ 일본 ❸ 정희 씨 고향 ❹ 유키 씨 고향

6 맞는 것을 고르십시오. ( )

❶ 정희 씨는 항상 풍경이나 음식 사진을 찍습니다.
❷ 두 사람은 이제 수영을 하러 바닷가에 가겠습니다.
❸ 두 사람은 서울에서 점심을 먹고 이곳에 왔습니다.
❹ 오늘은 날씨가 맑기 때문에 경치를 보기가 좋습니다.

이렇게 특별하다 신선하다 풍경 해운대

7 왜 해운대에 사람들이 많이 옵니까?

제 고향은 미국 하와이입니다. 하와이는 미국 캘리포니아의 서쪽, 일본의 동쪽에 있는 섬입니다. 바다가 아름답고 구경거리도 많은 곳입니다. 우리 집은 하와이의 호놀룰루에 있습니다. 호놀룰루에는 여러 나라에서 온 사람들이 많이 살기 때문에 세계의 문화를 만날 수 있고 여러 나라의 음식도 먹을 수 있습니다. 맛있는 한식집도 물론 있습니다.

호놀룰루의 유명한 관광지인 와이키키 해변은 외국에서 여행을 오는 사람들로 복잡합니다. 신혼여행을 온 사람들도 많이 볼 수 있습니다. 구경할 것도 많고 쇼핑하기도 편하기 때문입니다. 많은 사람들이 커피와 초콜릿을 삽니다. 하와이의 커피는 냄새가 아주 좋고 맛이 특별합니다.

저는 고향에 있을 때 바다에서 많은 시간을 보냈습니다. 친구들과 수영도 하고 서핑도 했습니다. 서핑은 처음에는 조금 무서웠는데 지금은 많이 연습해서 쉬워졌습니다. 시원한 바다에서 친구들과 서핑을 하면 정말 행복합니다.

1 이 사람의 고향은 어디입니까? 고향에서 유명한 관광지는 어디입니까?

고향	유명한 관광지
(　　　　　　)의 (　　　　　　)	(　　　　　　)

하와이　캘리포니아　서쪽　호놀룰루　세계　물론　와이키키 해변　냄새　서핑

2 보기 에서 알맞은 단어를 모두 찾아 쓰십시오.

왜 와이키키 해변에 신혼여행을 많이 옵니까?	
하와이에 여행 온 사람들이 무엇을 삽니까?	
이 사람은 고향 바다에서 무엇을 했습니까?	

보기

수영　　구경거리　　초콜릿　　서핑　　커피　　쇼핑

3 맞는 것을 고르십시오. (　　)

1. 하와이는 일본의 서쪽에 있는 섬입니다.
2. 호놀룰루에서는 한식을 먹기 어렵습니다.
3. 이 사람은 처음부터 서핑을 쉽게 했습니다.
4. 호놀룰루에서 여러 나라의 문화를 만날 수 있습니다.

IV. 따라해 봅시다

<모음 어울림 3>　/하/+였→했

했습니다　공부했습니다　피곤했습니다

- 고향에서 친구들과 서핑을 **했습니다**.
- 한국에 오기 전부터 한국어를 **공부했습니다**.
- 고향에서는 일이 많아서 항상 **피곤했습니다**.

V. 정리해 봅시다

1. 여러분의 고향에서는 무엇을 할 수 있습니까?
2. 여러분의 고향은 무엇이 유명합니까?

04과 집

1. 이사

MP3 / 08

• 학습 목표: 이사를 준비하고 집을 찾는 내용을 이해할 수 있다.

Ⅰ. 준비해 봅시다

어떻게 이사를 합니까? 맞는 순서대로 번호를 쓰십시오.

1 
계약하다

2 
이사를 하다

3 

살 집을 알아보다

4 
짐을 싸다

5 
이삿짐센터에 예약하다

(　　　　) → (　　　　) → (⑤) → (　　　　) → (　　　　)

Ⅱ. 들어 봅시다

1 문장을 듣고 이어질 수 있는 말을 연결하십시오.

1) •　　　　• ① 빨리 가서 쉬어야겠습니다.

2) •　　　　• ② 아르바이트를 해야겠습니다.

3) •　　　　• ③ 다른 곳으로 이사해야겠습니다.

4) •　　　　• ④ 같이 살 친구를 찾아야겠습니다.

2 문장을 듣고 알맞은 그림을 고르십시오.

1) (　　)　　2) (　　)　　3) (　　)　　4) (　　)

①
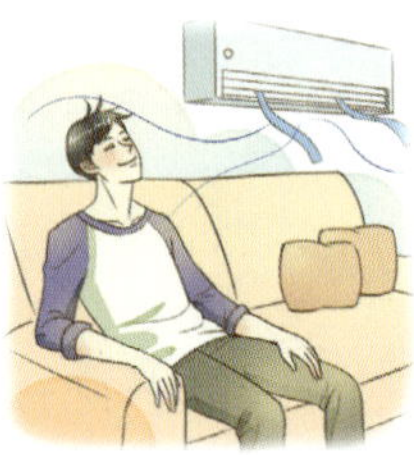

②

③

④

이사하다　이삿짐센터　짐　싸다　계약하다　불편하다　별로　하숙집　트럭
싣다　에어컨

[3-4] 대화를 듣고 질문에 답하십시오.

3 리타오 씨는 왜 걱정을 합니까?

____

4 맞으면 O, 틀리면 X 하십시오.

1) 리타오 씨는 모레 이사를 갑니다. ( )
2) 흐엉 씨는 리타오 씨의 이사 준비를 도와주겠습니다. ( )

[5-7] 대화를 듣고 질문에 답하십시오.

5 무엇에 대한 이야기입니까? ( )

① 원룸 고르기 ② 이삿짐 찾기 ③ 이사하기 ④ 계약하기

6 맞는 것을 고르십시오. ( )

① 주앙 씨는 요즘 바쁘지 않습니다.
② 주앙 씨는 이사를 준비하고 있습니다.
③ 주앙 씨의 원룸에는 문제가 있습니다.
④ 주앙 씨는 이삿짐센터를 예약했습니다.

7 주앙 씨는 어디에서 어디로 이사를 갑니까?

__________에서 __________으로/로 이사를 갑니다.

원룸 잊다

Ⅲ. 읽어 봅시다

저는 지금 연세 대학교 기숙사에서 살고 있습니다. 기숙사는 연세 대학교에 있기 때문에 한국어학당에 올 때 아주 편합니다. 기숙사는 두 사람이 방 하나를 같이 써서 좀 불편합니다. 저는 혼자 편하게 살고 싶어서 이사 갈 집을 찾고 있습니다.

반 친구가 살고 있는 하숙집을 소개해 줘서 그 집에 가 봤습니다. 하숙집 아주머니가 친절하시고 방도 깨끗했습니다. 그런데 방이 생각보다 작고 좀 어두워서 마음에 들지 않았습니다.

그래서 좋은 집을 알아보려고 부동산에 갔습니다. 부동산 아저씨는 저에게 원룸을 하나 보여 줬습니다. 원룸은 하숙집보다 방이 크고 밝았습니다. 방 안에 작은 화장실도 있었습니다. 하지만 관리비가 조금 비쌉니다. 관리비가 조금 더 쌌으면 좋겠습니다. 이 원룸에서 살면 앞으로의 생활이 더 편할 것 같습니다. 내일 부동산에 가서 원룸을 계약해야겠습니다. 새집에서 좋은 일이 많이 생겼으면 좋겠습니다.

1 무엇에 대한 설명입니까? 관계있는 것을 연결하십시오.

1) 기숙사 •	• ❶ 방이 좀 어둡습니다.
	• ❷ 방이 크고 밝았습니다.
2) 하숙집 •	• ❸ 관리비가 조금 비쌉니다.
	• ❹ 아주머니가 친절하십니다.
3) 원룸 •	• ❺ 한국어학당에 올 때 편합니다.
	• ❻ 두 사람이 한 방을 같이 씁니다.

알아보다　마음에 들다　관리비　어둡다　밝다

2 맞으면 O, 틀리면 X 하십시오.

1) 이 사람은 편하게 살고 싶어서 이사를 하려고 합니다. ( )
2) 이 사람은 앞으로 하숙집에서 살 것 같습니다. ( )
3) 같은 반 친구가 이 사람에게 원룸을 소개해 줬습니다. ( )

3 이 사람은 내일 무엇을 하겠습니까?

Ⅳ. 따라해 봅시다

<모음 어울림 4> /ㅐ/ + 었 /ㅔ/ + 었 /ㅚ/ + 었 /ㅟ/ + 었

보냈습니다 셌습니다 되었습니다 쉬었습니다.

- 이사 갈 집으로 이삿짐을 **보냈습니다.**
- 열심히 일해서 제 집을 사게 **되었습니다.**
- 이사가 너무 힘들어서 빨리 끝내고 **쉬었으면** 좋겠습니다.

Ⅴ. 정리해 봅시다

1. 여러분은 지금 어떤 집에서 삽니까?
2. 여러분이 집을 알아볼 때 중요하게 생각하는 것은 무엇입니까?

중요하다

04과 집

2. 내가 사는 집

MP3 / 09

• 학습 목표: 집안일과 내가 살고 있는 집을 소개하는 내용을 이해할 수 있다.

Ⅰ. 준비해 봅시다

그림을 보고 관계있는 것을 연결하십시오.

1) 

2) 

3) 

4) 

❶ 신발을 벗습니다.

❷ 깨끗하게 손을 씻습니다.

❸ 가족들이 모여서 TV를 봅니다.

❹ 요리를 하는 곳입니다.

Ⅱ. 들어 봅시다

1 대화를 듣고 무엇을 이야기하는지 고르십시오. (   )

❶ 

❷ 

❸ 

❹ 

❺ 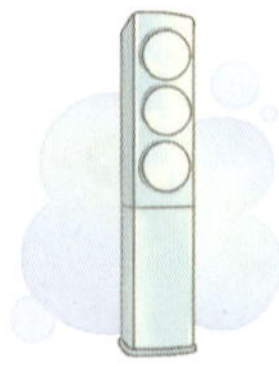

거실 부엌 현관 사용하다

2 대화를 듣고 알맞은 그림을 고르십시오.

1) (　　)　　2) (　　)　　3) (　　)　　4) (　　)

❶

❷

❸

❹

[3-4] 대화를 듣고 질문에 답하십시오.

3 유키 씨는 지금 무엇을 하고 있습니까?

4 맞으면 O, 틀리면 X 하십시오.

1) 두 사람은 같은 집에서 삽니다. (　　)

2) 유키 씨가 이사한 원룸은 필요한 게 다 있어서 편리합니다. (　　)

[5-7] 대화를 듣고 질문에 답하십시오.

5 이 동네에 없는 것은 무엇입니까? (　　)

❶ 공원　❷ 찜질방　❸ 마트　❹ 미용실

6 맞지 않는 것을 고르십시오. (　　)

❶ 두 사람은 같은 동네에 삽니다.

❷ 존 씨는 이 동네를 잘 모릅니다.

❸ 두 사람은 같이 마트에 가려고 합니다.

❹ 존 씨는 겨울옷을 세탁하고 싶어 합니다.

7 세탁소는 어디에 있습니까?

베란다　정리하다　나중에　새로　편리하다　동네　미용실　찜질방　세탁소　건물

III. 읽어 봅시다

빨리 만나고 싶어요!

기숙사에서 요리를 할 수 없어서 힘든가요? 하숙집 아주머니의 음식이 맛이 없나요? 그럼 원룸에서 요리를 잘하는 룸메이트와 맛있는 음식을 만들어서 먹는 건 어때요?

안녕하세요? 저는 일본에서 온 유키입니다. 제 원룸에서 같이 살 룸메이트를 찾고 있는 중입니다. 원룸에서 혼자 사니까 심심하고 재미없어서 같이 지낼 룸메이트를 찾고 있습니다.

제 원룸은 학교 근처에 있기 때문에 학교까지 걸어서 5분 걸립니다. 원룸 근처에는 세탁소와 미용실도 있어서 편하게 이용할 수 있습니다. 또 방도 크고 화장실도 깨끗합니다. 원룸 안에 에어컨과 세탁기도 있어서 아주 편리합니다. 집에 작은 부엌도 있어서 요리도 편하게 할 수 있습니다.

저는 요리를 잘하고 좋아하기 때문에 요리를 못하는 친구도 괜찮습니다. 그렇지만 청소는 잘 못하기 때문에 청소를 잘하는 친구가 룸메이트였으면 좋겠습니다. 저와 같이 맛있는 음식도 먹고 재미있게 지내고 싶은 분은 제 이메일로 연락해 주세요.

이메일 kliyuki@yonsei.ac.kr

1 이 사람은 왜 이 글을 썼습니까? (   )

❶ 하숙집에서 살고 싶지 않아서
❷ 원룸의 시설을 소개하고 싶어서
❸ 같이 살 룸메이트를 찾고 싶어서
❹ 요리를 잘하는 친구를 만나고 싶어서

룸메이트　부엌

2 맞으면 O, 틀리면 X 하십시오.

1) 이 사람은 지금 원룸에서 살고 있습니다. ( )
2) 이 사람 원룸은 세탁소와 가깝습니다. ( )
3) 이 사람은 요리와 청소를 모두 잘합니다. ( )

3 이 사람은 어떤 룸메이트를 찾고 있습니까?

Ⅳ. 따라해 봅시다

<소리이음1> 원룸에서[월루메서] 있어서[이써서] 한국말을[한국마를]

- **원룸에서** 혼자 살아서 심심해요.
- 세탁기도 **있어서** 편리해요.
- **한국말을** 배우는 학생이에요.

Ⅴ. 정리해 봅시다

1. 여러분이 지금 살고 있는 집을 소개하십시오.
2. 지금 살고 있는 집의 좋은 점은 무엇인가요?

복습

MP3 / 10

1 대화를 듣고 질문에 답하십시오.

1) 두 사람은 무엇에 대해서 이야기합니까? (　　)

① 학교 숙제
② 살고 싶은 집
③ 리타오 씨 고향
④ 리타오 씨 가족

2) 맞지 않는 것을 고르십시오. (　　)

① 윤아 씨는 베이징에 가 보지 못했습니다.
② 리타오 씨는 이사한 지 오래되었습니다.
③ 베이징 사람들은 아파트에서 많이 삽니다.
④ 리타오 씨 할아버지는 공원에서 운동을 합니다.

3) 리타오 씨는 숙제를 한 후에 무엇을 하겠습니까?

2 다음을 읽고 질문에 답하십시오.

이 사진은 베이징에 있는 우리 집 사진입니다. 처음 이사를 온 날 부모님과 함께 찍었습니다. 아버지께서는 일하는 곳과 집이 가깝기 때문에 이 집을 좋아하십니다. 어머니께서는 거실과 부엌이 넓어서 좋아하시고요. 거실과 부엌은 큰데 베란다는 좀 작습니다. 저는 베란다에 제가 좋아하는 책을 모두 놓고 작은 서재를 만들었습니다. 우리 동네는 살기가 아주 편합니다. 백화점과 식당, 공원 같은 편의 시설이 많습니다. 베이징 사람들은 공원에 자주 가서 산책도 하고 운동도 합니다. 저는 이사를 하고 한 달 만에 한국에 왔기 때문에 아직 집 근처 공원에는 못 가 봤습니다. 방학이 되면 고향에 돌아가서 가족들과 같이 (　　　　) 좋겠습니다.

1) **맞으면 O, 틀리면 X 하십시오.**

❶ 이 집 근처에 어머니의 회사가 있습니다. ( )

❷ 이 집의 베란다에서 책을 읽을 수 있습니다. ( )

❸ 이 동네에 백화점과 공원이 있습니다. ( )

2) **빈칸에 가장 알맞은 것을 고르십시오. ( )**

❶ 한국에 왔으면 ❷ 이삿짐을 정리했으면

❸ 공원에서 산책했으면 ❹ 백화점에서 쇼핑했으면

문화

한국인의 집

한국에서는 다양한 모습의 집을 볼 수 있습니다. 가장 많이 볼 수 있는 것은 아파트입니다. 아파트는 정해진 공간 안에서 많은 사람들이 살 수 있는 데다가 편리하고 안전하다고 생각되어서 도시의 대표적인 집이라고 할 수 있습니다. 그 밖에 빌라와 단독 주택도 한국인들이 많이 사는 곳입니다. 또한 한국의 전통 집인 한옥에 살고 있는 사람들도 있습니다.

1. **한국 사람들이 가장 많이 사는 집은 무엇입니까?**
2. **여러분 나라 사람들은 어떤 집에서 가장 많이 삽니까?**

만리장성 발표 서재 편의 시설

05과 음식

1. 음식 소개

MP3 / 11

• 학습 목표: 음식을 먹는 방법을 소개하는 내용을 이해할 수 있다.

I. 준비해 봅시다

어울리는 양념과 먹는 방법을 찾아 연결하고 문장을 완성하십시오.

1) 커피	간장	뿌리다
2) 초밥	고추장	넣다
3) 냉면	식초	찌다
4) 비빔밥	설탕	비비다

1) 커피에 설탕을 넣어서 마셔요.

II. 들어 봅시다

1 대화를 듣고 두 사람이 말하는 것에 O표 하십시오.

1)

2)

3)

4)

2 말하지 않은 것에 모두 ✔하십시오.

❶ (   )

❷ (   )

❸ (   )

❹ (   )

❺ (   )

고추장 식초 설탕 뿌리다 넣다 찌다 비비다 닭고기 채소 만두 양념 직접 소스 음료 무료

[3-4] 대화를 듣고 질문에 답하십시오.

3 주앙 씨가 제일 좋아하는 음식은 무엇입니까? 그 음식은 어떤 양념과 먹으면 좋습니까?

좋아하는 음식	양념

4 맞으면 ○, 틀리면 X 하십시오.

1) 파전은 맵지 않습니다. ( )

2) 유키 씨는 파전을 먹어 봤습니다. ( )

[5-7] 대화를 듣고 질문에 답하십시오.

5 두 사람은 어떤 음식을 이야기합니까? ( )

❶ ❷ ❸ ❹

6 맞지 않는 것을 고르십시오. ( )

❶ 설렁탕은 밥하고 같이 먹습니다.
❷ 존 씨는 설렁탕을 먹어 봤습니다.
❸ 윤아 씨는 설렁탕을 아주 좋아합니다.
❹ 설렁탕은 깍두기하고 같이 먹으면 맛있습니다.

7 설렁탕에 들어가는 것을 모두 찾아 O표 하십시오.

파전 파 중에서 설렁탕 소고기 국 말다 소금 반찬 깍두기

Blog

Notice (2)

+ 이웃추가

올리비아의 한국 생활 20**.8.5

나와 내 친구들은 치맥을 사랑해요!
그래서 지난주에 대구 치맥 페스티벌에 다녀왔어요.

사람들이 정말 많았어요. 치킨도 정말 많았고요.
그 중에서 우리가 선택한 메뉴는 프라이드치킨과 마늘 치킨, 그리고 양념 치킨이었어요.
치맥에는 맥주가 꼭 필요하지요?
그래서 시원한 맥주도 샀어요.

친구들은 프라이드치킨을 제일 좋아했어요.
마늘 소스를 찍어서 먹는 마늘 치킨도 인기가 많았고요.
양념 치킨은 맵고 달았는데 나는 이 양념 치킨이 제일 맛있었어요.
안 먹어 본 사람들은 꼭 드셔 보세요~

치맥을 먹으면서 콘서트도 무료로 볼 수 있었어요.
정말 재미있었어요. 대구 치맥 페스티벌에 꼭 가 보세요~!!!

태그 #대구 #치맥 #페스티벌 #한국 축제 #치킨 #맥주

치맥 대구 페스티벌 선택하다 메뉴 프라이드치킨 콘서트

1 이 사람은 어디에 다녀왔습니까?

2 이 사람은 무엇을 먹고 마셨습니까?

먹은 것	마신 것

3 맞는 것을 고르십시오. (   )

❶ 양념 치킨의 맛은 맵고 답니다.
❷ 이 사람은 치맥을 처음 먹어 봤습니다.
❸ 페스티벌이 끝나고 콘서트를 봤습니다.
❹ 사람들이 양념 치킨을 제일 좋아했습니다.

V. 따라해 봅시다

<소리 이음 2> 떡볶이[떡뽀끼] 값을[갑쓸] 읽으십시오[일그십씨오]

- 이 식당 **떡볶이가** 맛있어요.
- **값을** 깎아 주세요.
- 크게 **읽으십시오.**

V. 정리해 봅시다

1. 좋아하는 한국 음식이 무엇입니까? 어떤 음식입니까?
2. 여러분 나라의 음식을 소개해 보십시오. 어떻게 먹습니까?

05과 음식

2. 음식 재료와 요리

MP3 / 12

• 학습 목표: 음식 재료와 요리법을 설명하는 내용을 이해할 수 있다.

Ⅰ. 준비해 봅시다

어떤 음식입니까? 맞는 음식과 연결하십시오.

1) 면을 삶은 후에 소스를 넣고 볶아요. • • ① 

2) 채소를 썰고 소스를 뿌려서 먹어요. • • ② 

3) 소고기를 끓인 후에 파와 소금을 넣어서 먹어요. • • ③ 

4) 밥과 김치를 볶아서 만들어요. • • ④ 

Ⅱ. 들어 봅시다

1 문장을 듣고 맞는 그림에 ✔하십시오.

1) 

① ( ) ② ( )

2) 

① ( ) ② ( )

3) 

① ( ) ② ( )

4) 

① ( ) ② ( )

2 이 사람이 한국에 처음 왔을 때 한 실수가 아닌 것에 ✔하십시오.

① ( )

② ( )

③ ( )

④ ( )

면 삶다 볶다 썰다 냄비 프라이팬 접시 덜다 따로 실수 잃어버리다 섞다

[3-4] 대화를 듣고 질문에 답하십시오.

3 삼계탕에 무엇이 들어갑니까? 모두 쓰십시오.

4 맞으면 O, 틀리면 X 하십시오.

1) 로라 씨는 삼계탕을 먹은 적이 없습니다. ( )
2) 삼계탕은 끓여서 만드는 음식입니다. ( )

[5-7] 대화를 듣고 질문에 답하십시오.

5 김치찌개는 어떻게 만듭니까? 순서대로 그림 번호를 쓰십시오.

❶ ❷ ❸ ❹

( ) → ( ) → ( ) → ( )

6 맞지 않는 것을 고르십시오. ( )

❶ 김치찌개에는 두부와 양파, 파가 들어갑니다.
❷ 김치찌개는 재료를 볶은 후에 끓여서 만듭니다.
❸ 돼지고기가 없으면 김치찌개를 만들 수 없습니다.
❹ 에릭 씨는 김치찌개를 만드는 방법을 몰랐습니다.

7 맞으면 O, 틀리면 X 하십시오.

1) 레오 씨는 한국 음식을 만든 적이 있습니다. ( )
2) 두 사람은 김치찌개 맛을 이야기합니다. ( )

삼계탕 인삼 마늘 대추 끓이다 방법 돼지고기 두부 햄

<요리로 배우는 한국어>

잡 채

잡채를 만들어 본 적이 있어요?
잡채는 한국에서 잔치 때
꼭 먹는 음식이에요.
잡채를 만들어 볼까요?

재료 당면, 소고기, 버섯, 당근, 양파, 시금치, 달걀

양념 다진 마늘, 참기름, 간장, 소금, 설탕, 후추

1. 고기에다가 마늘, 간장, 설탕, 참기름, 후추를 넣고 섞으세요.
2. 끓는 물에 시금치를 넣으세요. 그리고 1분 후에 꺼내세요. 시금치에 마늘과 소금을 넣어서 양념하세요.
3. 달걀을 얇게 부친 후에 써세요.
4. 양파, 버섯, 당근을 써세요.
5. 먼저 양파를 볶으세요. 그 후에 당근, 버섯, 고기를 따로 볶으세요.
6. 당면을 6~7분 동안 삶으세요.
7. 프라이팬에 당면과 간장을 넣고 볶으세요.
8. 당면에다가 볶은 채소와 고기를 넣고 잘 섞으세요. 필요하면 간장, 참기름, 설탕, 후추를 조금 더 뿌리세요.
9. 잡채를 접시에 담으세요. 그 위에다가 달걀을 예쁘게 올리세요.

잡채 재료 당면 버섯 당근 양파 시금치 달걀 다지다 참기름 후추
끓다 꺼내다 부치다[1] 담다

1 이 글은 어떤 글입니까? (　　)

❶ 잡채를 설명하는 글
❷ 잡채 요리 방법을 알려 주는 글
❸ 잡채 먹는 방법을 알려 주는 글
❹ 잡채가 맛있는 식당을 소개하는 글

2 알맞게 그림의 순서를 쓰십시오.

❶

❷

❸

❹

❺

(❹) → (　　) → (　　) → (　　) → (　　)

3 맞으면 ○, 틀리면 X 하십시오.

1) 잡채를 만들 때 재료를 따로 볶습니다. (　　)
2) 접시에다가 달걀을 제일 먼저 담습니다. (　　)

V. 따라해 봅시다

<소리 이음 3> 놓으세요[노으세요] 많았습니다[마낟씁니다] 괜찮아요[괜차나요]

- 여기에 젓가락을 **놓으세요.**
- 여러 가지 채소가 **많았습니다.**
- 이 음식 맛이 **괜찮아요.**

V. 정리해 봅시다

1. 한국 음식을 만들어 본 적이 있습니까? 무슨 음식을 만들었습니까?
2. 맛있게 만들 수 있는 음식이 있습니까? 어떻게 만듭니까?

06과 시장

1. 편의점

MP3 / 13

• 학습 목표: 쇼핑 장소를 소개하는 내용을 이해할 수 있다.

Ⅰ. 준비해 봅시다

마트에서 파는 물건의 종류를 알맞게 연결하십시오.

1)

2)

3)

4)

❶ 식료품 ❷ 음료 ❸ 생활용품 ❹ 냉동식품

Ⅱ. 들어 봅시다

1 문장을 듣고 알맞은 대답을 연결하십시오.

1) • • ❶ 편의점에서도 팔 거예요.

2) • • ❷ 음료를 파는 곳에 있을 거예요.

3) • • ❸ 과일이나 채소를 파는 곳에 있을 거예요.

4) • • ❹ 생활용품이 있는 곳에는 없을 거예요. 식료품이 있는 곳으로 가 보세요.

식료품 생활용품 냉동식품 생수 치약 라면

2 대화를 듣고 이 사람이 추천하는 것에 ✔하십시오.

1)

❶ (　　)

❷ (　　)

2)

❶ (　　)

❷ (　　)

3)

❶ (　　)

❷ (　　)

4)

❶ (　　)

❷ (　　)

[3-4] 대화를 듣고 질문에 답하십시오.

3 이 두 사람은 어디에 갔습니까? (　　)

❶ 마트　　❷ 백화점

❸ 동대문 시장　　❹ 남대문 시장

4 맞으면 O, 틀리면 X 하십시오.

1) 존 씨는 시장에 처음 왔습니다. (　　)

2) 존 씨는 백화점에서 이불을 사려고 했습니다. (　　)

[5-7] 안내 방송을 듣고 질문에 답하십시오.

5 무슨 요일에 무슨 물건을 싸게 팝니까? 알맞게 연결하십시오.

1) 월요일 •　　• ❶ 라면

2) 금요일 •　　• ❷ 치약

3) 토요일 •　　• ❸ 만두

이불　손님　여러분　방문하다　장을 보다

6 날마다 7시 이후에 싸게 파는 물건은 무엇입니까?

7 맞으면 O, 틀리면 X 하십시오.

1) 5월에 냉동식품과 음료를 30% 싸게 팝니다. (　　)

2) 5월에 이 마트는 다른 달보다 싸게 팝니다. (　　)

III. 읽어 봅시다

한국에서 외국인들이 좋아하는 곳은 어디일까요? 사람마다 다를 거예요. 제가 한국에서 제일 좋아하는 곳은 편의점이에요. 식료품이나 생활용품을 파는 곳이 많지만, 그중에서 저는 편의점에 제일 자주 가요.

편의점은 우리가 생활하는 곳에는 모두 있는 것 같아요. 우리 하숙집 근처에도 편의점이 있어서 자주 가요. 마트는 일찍 문을 닫는데 편의점은 24시간 문을 열어서 밤 늦게도 갈 수 있어요. 우리 생활에 있어야 하는 모든 것을 편의점에서 살 수 있고 요즘은 택배도 보낼 수 있어서 더 편리해졌어요. 특히 여러 가지 도시락이 있어서 편의점에서 식사를 할 수도 있어서 좋아요.

편의점은 크지 않지만 없는 물건이 없어요. 생활용품, 식료품, 채소나 과일, 음료, 냉동식품을 다 파는데 저는 보통 생수나 우유, 과일을 많이 사요. 혼자 살아서 마트에서 과일을 사면 너무 많아서 잘 안 사 먹었는데, 편의점에서는 조금씩 파니까 좋아요. 앞으로 근처에 편의점이 더 많아졌으면 좋겠어요.

1 이 사람이 좋아하는 곳은 어디입니까?

특히　택배　도시락

2 이 사람이 편의점에서 하지 않는 일을 고르십시오. (   )

❶ 과일을 삽니다.
❷ 식사를 합니다.
❸ 택배를 보냅니다.
❹ 도시락을 만듭니다.

3 맞으면 O, 틀리면 X 하십시오.

1) 이 사람은 편의점에서 채소와 과일을 많이 삽니다. (   )
2) 이 사람의 집 근처에는 편의점이 없습니다. (   )

Ⅳ. 따라해 봅시다

<거센소리1> /ㄱ/+/ㅎ/ → [ㅋ]

백화점[배콰점] 축하[추카] 좋겠어요[조켄써요]

- 시장이 **백화점**보다 쌀 거예요.
- 생일을 **축하**합니다.
- 편의점에서 사는 것이 **좋겠어요**.

Ⅴ. 정리해 봅시다

1. 어디에서 식료품을 자주 삽니까? 그곳을 소개하십시오.
2. 집 근처에서 식료품이나 생활용품을 파는 곳을 이야기해 봅시다.

06과 시장

2. 인터넷 쇼핑몰

MP3 / 14

• 학습 목표: 쇼핑 장소를 추천하는 내용을 이해할 수 있다.

Ⅰ. 준비해 봅시다

여기는 백화점입니다. 무슨 매장일까요? 알맞게 연결하십시오.

1) • • ❶ 여성복 매장

2) • • ❷ 패션 잡화 매장

3) • • ❸ 가전제품 매장

4) • • ❹ 스포츠용품 매장

Ⅱ. 들어 봅시다

1 대화를 듣고 앞으로 쇼핑하러 갈 곳에 ✔하십시오.

1)

❶ (   ) ❷ (   )

2)

❶ (   ) ❷ (   )

3)

❶ (   ) ❷ (   )

4)

❶ (   ) ❷ (   )

패션 잡화 가전제품 스포츠용품 장갑 축구화 식당가

2 이야기를 듣고 그림과 관계있는 사람을 보기 에서 골라 쓰십시오.

1) (　　　) 2) (　　　) 3) (　　　) 4) (　　　)

보기

주앙
에릭
흐엉
노라

[3-4] 대화를 듣고 질문에 답하십시오.

3 윤아 씨는 요즘 어디에서 자주 쇼핑합니까?

4 문장을 읽고 맞으면 O, 틀리면 X 하십시오.

1) 윤아 씨가 자주 쇼핑하는 곳에서는 여성복을 항상 싸게 살 수 있습니다. (　　)
2) 윤아 씨가 자주 쇼핑하는 곳 근처에 꽃집도 있습니다. (　　)

[5-7] 대화를 듣고 질문에 답하십시오.

5 올리비아 씨는 무엇을 사고 싶어 합니까?

6 올리비아 씨는 어디에서 물건을 사겠습니까?

7 맞는 것을 고르십시오. (　　)

① 올리비아 씨는 백화점에 가는 길입니다.
② 올리비아 씨는 인터넷 쇼핑을 해 본 적이 없습니다.
③ 미선 씨는 인터넷에서 물건을 본 후에 백화점에서 삽니다.
④ 미선 씨는 올리비아 씨하고 같이 물건을 사고 싶어 합니다.

인터넷 쇼핑　빙수　쿠폰　고속 터미널　상가　비교하다

III. 읽어 봅시다

생필품, 여성복, 가구를 사고 싶은데 어디에서 한번에 편하게 살 수 있을까요? 백화점 상품부터 마트의 생활용품, 식료품까지 몇 번의 클릭으로 편하게 주문하고 집에서 상품을 받을 수 있습니다.

여름에 가족들이 많이 더워 하나요? 에어컨을 사려고 하세요? 백화점 가전제품 매장에 갈 필요가 없어요. 우리 쇼핑몰에서 더 싸고 편하게 사세요.

더운 여름날 가족들이 삼계탕을 먹고 싶어 하지요? 그럼 삼계탕 재료를 준비해 보세요. 우리 쇼핑몰에서는 매주 특별 상품 몇 가지를 할인해서 싸게 쇼핑할 수 있습니다.

우리 쇼핑몰에서는 항상 할인하는 상품이 있고, 회원이 되면 생일 쿠폰도 드립니다. 생일이 있는 달에 더 많이 할인 받을 수 있습니다. 우리 쇼핑몰에서 싸고 편하게 쇼핑하세요.

GANA SHOPPING MALL

생필품 클릭 회원

1 어떤 쇼핑 장소를 광고합니까?

❶ 마트 ❷ 백화점 ❸ 홈쇼핑 ❹ 인터넷 쇼핑

2 맞지 않는 것을 고르십시오. (   )

❶ 이곳에서는 회원의 생일에 할인 쿠폰을 줍니다.
❷ 이곳에서는 매주 특별히 할인하는 상품이 있습니다.
❸ 이곳은 바쁘고 시간이 없는 사람들이 이용하면 좋습니다.
❹ 에어컨은 가전제품 매장에 직접 가면 싸게 살 수 있습니다.

3 이 쇼핑몰의 좋은 점은 무엇입니까? 두 가지를 쓰십시오.

Ⅳ. 따라해 봅시다

<거센소리2> /ㅂ/+/ㅎ/ → [ㅍ]

패션 잡화[패션 자퐈] 입학[이팍] 답답해요[답따패요]

- 장갑은 **패션 잡화** 매장에서 팔아요.
- 조카의 **입학** 선물로 뭘 살까요?
- 쇼핑할 때 한국말을 잘 못해서 **답답해요**.

Ⅴ. 정리해 봅시다

1. 최근에 쇼핑한 곳을 친구들과 이야기해 봅시다.
2. 좋은 쇼핑 장소가 있습니까? 추천해 보십시오.

복습

MP3 / 15

1 다음을 읽고 질문에 답하십시오.

저는 한국에 온 지 3개월 됐습니다. 지금까지 서울의 여러 곳을 구경했습니다. 제가 제일 좋아하는 곳은 (   )입니다. 그중에서 두 곳을 소개하겠습니다.

한국에서 유명한 동대문 시장은 여러 가지 물건도 많고 구경거리도 많아서 재미있게 쇼핑을 할 수 있습니다. 그리고 근처에서 맛있는 한국 음식도 먹을 수 있습니다. 물건을 항상 세일해서 파는 할인 매장도 있는데, 그 안에 여성복, 남성복, 패션 잡화 매장이 있어서 여러 가지 사고 싶은 것을 아주 싸게 살 수 있습니다.

얼마 전에는 반 친구들과 같이 광장 시장에 한 번 간 적이 있습니다. 거기에서 비빔밥과 빈대떡을 먹었습니다. 광장 시장에서 파는 비빔밥은 지금까지 먹어 본 비빔밥과 조금 달랐습니다. 그릇에다가 제가 좋아하는 채소를 골라서 넣고 고추장과 참기름을 조금 넣어 비벼서 먹었습니다. 내가 직접 만들어서 먹으니까 더 맛있는 것 같았습니다.

고향 친구들이 한국에 오면 같이 시장에 가 보십시오. 즐겁게 쇼핑도 하고 맛있는 한국 음식도 드셔 보십시오. 친구들이 쇼핑도 즐겁게 할 수 있고, 한국 음식도 맛있어 할 거예요.

1) 이 글은 무엇에 대한 글입니까? (   )

❶ 한국 음식　❷ 고향 친구　❸ 할인 매장　❹ 한국의 시장

2) 맞지 않는 것을 고르십시오. (   )

❶ 이 사람은 3개월 전에 한국에 왔습니다.
❷ 시장에서 한국 음식을 먹을 수 있습니다.
❸ 이 사람은 고향 친구들과 광장 시장에 가 봤습니다.
❹ 동대문 시장에 물건을 항상 싸게 파는 매장이 있습니다.

3) 빈칸에 들어갈 알맞은 말을 쓰십시오.

2 대화를 듣고 질문에 답하십시오.

1) **남자는 친구와 무엇을 할까요? 순서대로 쓰십시오.**

❶ 쇼핑을 합니다. ❷ 김치볶음밥을 만듭니다.
❸ 김치볶음밥을 먹습니다. ❹ 마트에서 물건을 삽니다.

(　　) → (　　) → (　　) → (　　)

2) **맞는 것을 고르십시오. (　　)**

❶ 여자의 가족이 내일 한국에 옵니다.
❷ 여자는 김치볶음밥 만드는 방법을 모릅니다.
❸ 남자는 마트에서 채소와 과일을 살 것입니다.
❹ 남자의 고향 친구는 한식집에 가고 싶어 합니다.

문화

광장 시장

광장 시장은 서울 종로에 있는 100년이 넘은 오래된 시장입니다. 서울 중심에 있기 때문에 외국인 관광객이 많고 한국 사람들에게도 오랜 시간 동안 사랑을 받고 있는 시장입니다. 이곳에는 전통 한복 가게와 이불 가게가 아주 많습니다. 특히, 여러 가지 한국 음식을 먹을 수 있는 먹거리 골목이 있어서 유명합니다. 빈대떡과 비빔밥, 김밥, 육회 등이 아주 유명해서 하루 종일 맛있는 한국 전통 음식을 찾는 사람들의 발길이 끊이지 않습니다.

1. **사람들이 왜 광장 시장에 많이 갈까요?**
2. **여러분 나라의 유명한 시장을 소개해 보십시오.**

빈대떡　김치볶음밥　간을 보다

07과 쇼핑

1. 사고 싶은 물건

MP3 / 16

• 학습 목표: 물건을 사는 상황과 사고 싶은 물건을 묘사하는 내용을 이해할 수 있다.

Ⅰ. 준비해 봅시다

문장을 읽고 맞는 색깔과 옷을 연결하십시오.

1) 검은색 양복을 사고 싶어요. • •  • • 

2) 흰색 블라우스를 입고 있어요. • •  • • 

3) 분홍색 원피스가 어울릴까요? • •  • • 

4) 아이들이 하늘색 운동복을 입었네요. • •  • • 

Ⅱ. 들어 봅시다

1 어디에서 하는 말입니까? 문장을 듣고 알맞은 그림을 고르십시오.

1) (　　)　2) (　　)　3) (　　)　4) (　　)

❶ 

❷ 

❸ 

❹ 

양복 흰색 블라우스 분홍색 원피스 하늘색 운동복 어울리다 에스엔에스(SNS)

2 이야기를 듣고 이 장소에서 해도 되는 일에 모두 ○ 하십시오.

[3-4] 대화를 듣고 질문에 답하십시오.

3 남자는 무엇을 사러 왔습니까? 왜 그 옷이 필요합니까?

옷	
필요한 이유	

4 맞으면 ○, 틀리면 X 하십시오.

1) 요즘 젊은 사람들은 검은색 옷을 좋아합니다. ( )

2) 남자는 회색 옷을 입어 보겠습니다. ( )

[5-7] 대화를 듣고 질문에 답하십시오.

5 여기는 어디입니까?

6 여자는 무엇을 샀습니까?

회색 디자인 립스틱 유행이다 로션

7 맞는 것을 고르십시오. (   )

❶ 뒤에 있는 립스틱을 발라도 됩니다.

❷ 점원은 이 로션을 써 본 적이 없습니다.

❸ 이 립스틱은 인기 가수 때문에 유행입니다.

❹ 로션을 한 개 사면 한 개 더 받을 수 있습니다.

깜스's 블로그

깜스(kks7752)
< 멋을 아는 사람들>
카카오톡 아이디: kks7752
프로필 > 쪽지 > 이웃추가

- 프롤로그
- 블로그
- 여자 스타일
- 남자 스타일
- 데일리 룩
- 패션 피플
- 내 이야기

데일리 룩 (68)

여름에 신을 운동화 베스트3!

오늘은 여름에 신기 좋은 운동화를 소개하겠습니다. 요즘 제일 인기 있는 스포츠용품 회사 세 곳의 운동화를 골랐습니다.

A 운동화 ★★★★

모양이 예쁘고 색깔도 여러 가지여서 여자들이 좋아할 것 같습니다. 운동할 때 신어도 되고 보통 때 신어도 좋습니다. 운동화 안으로 바람이 잘 들어와서 아주 시원합니다. 세탁기에 넣어도 됩니다.

B 운동화 ★★★

큰 사이즈도 있어서 발이 아주 큰 남자들도 신을 수 있습니다. 신발 안으로 물이 들어오지 않게 만들었기 때문에 비가 오는 날 신고 나가도 됩니다. 하지만 색깔이 흰색만 있어서 쉽게 더러워지니까 깨끗하게 신어야 합니다. 세탁기에 넣으면 안 됩니다.

C 운동화 ★★★★★

디자인이 아주 예쁘지는 않지만 운동할 때 매우 좋습니다. 가볍고 편해서 신발을 신지 않은 기분이 듭니다. 운동화에 이름을 써 주는 서비스가 있어서 나만의 운동화를 특별히 주문할 수 있습니다. 세탁기에 넣어도 됩니다.

베스트 모양 매우

1 무엇을 소개하는 글입니까?

2 관계있는 것과 연결하십시오.

1) A 운동화 •	• ❶ 가볍고 편합니다.	
	• ❷ 디자인이 예쁩니다.	
2) B 운동화 •	• ❸ 비가 오는 날 신으면 좋습니다.	
	• ❹ 바람이 잘 들어와서 시원합니다.	
3) C 운동화 •	• ❺ 발이 큰 남자가 신을 수 있습니다.	
	• ❻ 이름을 써 주는 서비스가 있습니다.	

3 맞으면 O, 틀리면 X 하십시오.

1) 세 운동화는 같은 회사의 운동화입니다. ( )
2) 세 운동화 모두 세탁기에 넣으면 안 됩니다. ( )
3) 이 사람은 C 운동화가 제일 좋습니다. ( )

IV. 따라해 봅시다

<거센소리 3> /ㄷ/ + /ㅎ/ → [ㅌ] /ㅎ/ + /ㄷ/ → [ㅌ]

깨끗하게 [깨끄타게] 못합니다 [모탐니다] 좋다 [조타]

- 운동화를 **깨끗하게** 신어야 합니다.
- 이 가게에서는 카드로 사지 **못합니다**.
- 새로 산 바지가 참 **좋다**.

V. 정리해 봅시다

1. 여러분이 사고 싶은 물건은 무엇입니까?
2. 친구가 입고 있는 옷을 설명해 보십시오.

07과 쇼핑

2. 물건 소개

MP3 / 17

• 학습 목표: 산 물건을 소개하고 팔고 싶은 물건을 묘사하는 내용을 이해할 수 있다

Ⅰ. 준비해 봅시다

문장을 읽고 이어질 단어를 연결하십시오.

1) 신발을 신어 봤는데 사이즈가 ______ • • ① 어두워요

2) 바닷가에서 입는 셔츠는 보통 디자인이 ______ • • ② 비슷해요

3) 이 옷은 색깔이 좀 ______ • • ③ 잘 맞아요

4) 제가 산 가방이 친구의 가방과 모양이 ______ • • ④ 화려해요

Ⅱ. 들어 봅시다

1 문장을 듣고 이어질 말을 연결하십시오.

1) • • ① 물건을 얼마나 많이 샀는지 몰라요.

2) • • ② 쇼핑백이 얼마나 무거운지 몰라요.

3) • • ③ 쇼핑을 얼마나 자주 하는지 몰라요.

4) • • ④ 쇼핑하기가 얼마나 편한지 몰라요.

사이즈 비슷하다 맞다 화려하다 쇼핑백

2 문장을 듣고 맞는 그림에 ✔하십시오.

1)

❶ (　　) ❷ (　　)

2)
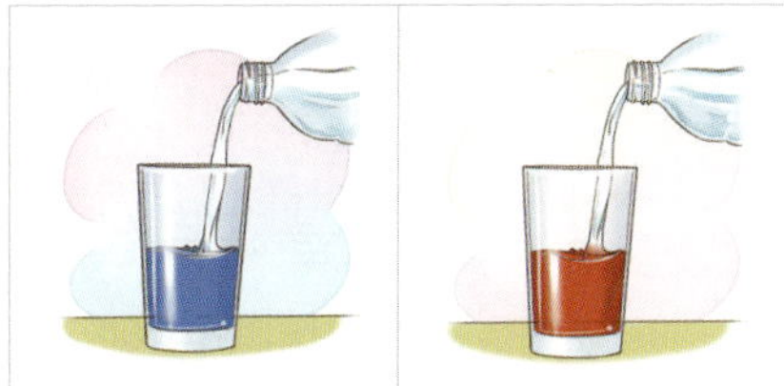

❶ (　　) ❷ (　　)

3)
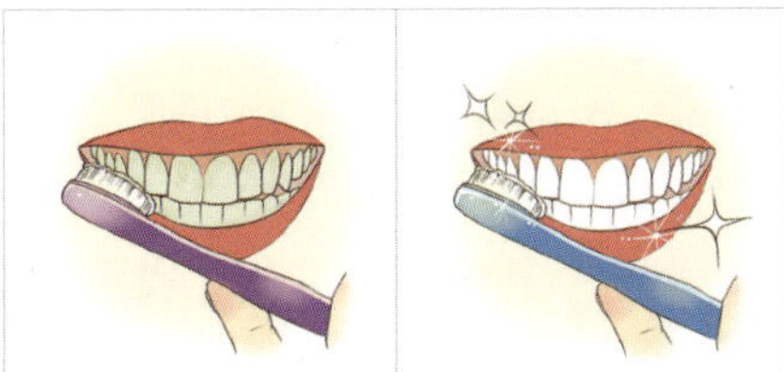

❶ (　　) ❷ (　　)

4)

❶ (　　) ❷ (　　)

[3-4] 대화를 듣고 질문에 답하십시오.

3 유키 씨는 이 목걸이를 보면 왜 좋습니까?

4 맞으면 O, 틀리면 X 하십시오.

1) 유키 씨의 외할머니께서 이 목걸이를 사 주셨습니다. (　　)

2) 이 목걸이의 디자인은 요즘 유행이 아닙니다. (　　)

[5-7] 대화를 듣고 질문에 답하십시오.

5 레오 씨는 어디에서 노트북을 샀습니까? (　　)

❶ 백화점　❷ 마트　❸ 홈 쇼핑　❹ 인터넷

까맣다　파랗다　하얗다　빨갛다　사실　의미　마트　홈 쇼핑

6 레오 씨의 새 노트북은 어떻습니까?

7 맞는 것을 고르십시오. (   )

① 주앙 씨는 이번에 작은 노트북을 샀습니다.
② 레오 씨는 노트북을 사러 백화점에 가 봤습니다.
③ 홈 쇼핑은 전화를 하면 설명을 들을 수 있습니다.
④ 레오 씨가 전에 사용한 노트북은 사이즈가 너무 컸습니다.

III. 읽어 봅시다

중고나라

전체글보기 | 공지사항 | 중고판매 | 가구

카페정보 나의활동

매니저 tnqlsrnt1234

숲 16,252,456

즐겨찾는 멤버 3,567,246
게시판 수 235,356
접속자 수 36,678

초대 채팅

카페글쓰기

검색

게시판
-이벤트 체험판
ㄴ당첨자발표/종료이벤트
-공지사항
-등업신청
-안전결제이용방법

중고나라판매
ㄴ 의류
ㄴ 가구
ㄴ 전자제품
ㄴ 식품

행복나눔

우리 이야기

사기신고

^이전글 다음글 v 목록

식탁 & 의자 팝니다.

ID: yschoi 이메일: yschoi @yonsei.com

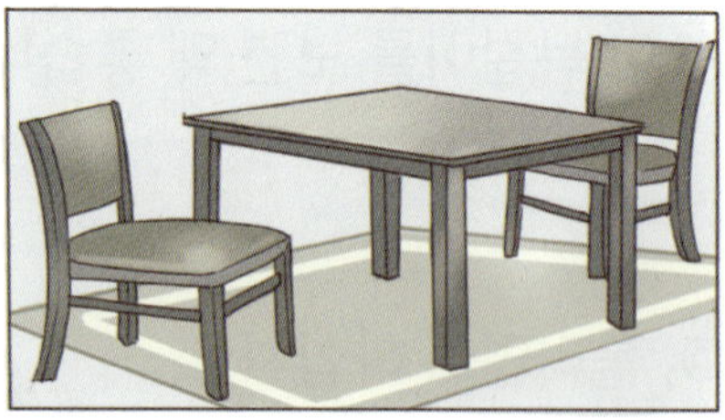

두 명이 쓸 수 있는 작은 식탁 하나와 편한 의자 두 개입니다. 산 지 1년이 조금 지났는데 아주 깨끗합니다. 이제 유학 생활이 끝나고 고향에 돌아가기 때문에 팔려고 합니다. 제가 마트에서 샀을 때 값은 25만원이었는데 여기에서는 10만원에 팔겠습니다.

식탁은 어두운 갈색이고 의자는 까만색입니다. 무늬가 없는 단순한 디자인이기 때문에 어디에나 잘 어울릴 거예요.

저는 이 식탁에서 식사도 하고 공부도 했습니다. 사이즈가 크지는 않지만 책을 여러 권 놓고 공부할 수 있고 무거운 물건을 올려도 됩니다. 얼마나 튼튼한지 몰라요.

물건을 사시면 의자에 놓을 수 있는 방석을 드리겠습니다. 체크무늬가 있는 파란색 방석인데 식탁과 잘 어울리고 쉽게 더러워지지 않아서 좋습니다.

관심이 있으신 분들은 저에게 이메일을 보내 주십시오.

갈색 무늬 단순하다 올리다 체크무늬 넘다

1 이 사람이 팔고 싶어 하는 물건은 무엇입니까? 값은 얼마입니까?

물건	값

2 물건의 색깔과 무늬를 찾아 연결하십시오.

① 까만색 •	• 1) 식탁 •	• ④ 무늬가 없다
② 파란색 •	• 2) 의자 •	• ⑤ 체크무늬
③ 어두운 갈색 •	• 3) 방석 •	

3 맞는 것을 고르십시오. (   )

① 식탁은 무겁기 때문에 아주 튼튼합니다.
② 의자에 놓을 방석을 싸게 살 수 있습니다.
③ 식탁과 의자를 사용한 지 1년이 넘었습니다.
④ 고향에 있는 마트에서 이 식탁과 의자를 샀습니다.

Ⅳ. 따라해 봅시다

<거센소리 4> /ㅈ/ + /ㅎ/ → [ㅊ] /ㅎ/ + /ㅈ/ → [ㅊ]

않지만 [안치만] 좋지요 [조치요] 꽂혀 [꼬쳐]

- 식탁이 크지 **않지만** 튼튼합니다.
- 이 노트북이 정말 튼튼하고 **좋지요**?
- 꽃병에 꽃이 **꽂혀** 있어요.

Ⅴ. 정리해 봅시다

1. 여러분이 좋아하는 물건을 친구에게 소개하십시오.
2. 한국에서 산 물건이 있으면 소개하십시오.

08과 초대

1. 모임 초대

MP3 / 18

• 학습 목표: 모임을 소개하고 초대하는 내용을 이해할 수 있다.

Ⅰ. 준비해 봅시다

문장을 읽고 알맞은 것을 연결하십시오.

1) 고등학교를 졸업한 후에 친구들이 오랜만에 다시 만났습니다. • • ① 송별회

2) 친구가 다음 주에 고향에 돌아가기 때문에 이번 주말에 반 친구들과 파티를 하려고 합니다. • • ② 동창회

3) 우리는 모두 수영을 좋아하는 친구들이어서 같이 수영을 하려고 토요일마다 만납니다. • • ③ 환영회

4) 학교에 새 학생이 들어와서 환영하려고 같이 밥을 먹으러 갑니다. • • ④ 동아리

Ⅱ. 들어 봅시다

1 친구들이 주말에 무엇을 하겠습니까? 문장을 듣고 알맞은 그림을 고르십시오.

1) (　　)　2) (　　)　3) (　　)　4) (　　)

①

②

③

④

동아리　동창회　동호회　모임　송별회　환영회　환영하다　초대하다

2 대화를 듣고 맞는 그림에 ✔하십시오.

1)

❶ (　　)

❷ (　　)

2)

❶ (　　)

❷ (　　)

3)

❶ (　　)

❷ (　　)

4)

❶ (　　)

❷ (　　)

[3-4] 대화를 듣고 질문에 답하십시오.

3 두 사람은 어떤 모임에 대해서 이야기합니까? (　　)

❶ 동창회　❷ 송별회　❸ 환영회　❹ 뒤풀이

4 맞으면 ○, 틀리면 X 하십시오.

1) 윤아 씨는 이번 금요일에 모임에 가겠습니다. (　　)

2) 존 씨가 윤아 씨를 모임에 초대했습니다. (　　)

[5-7] 대화를 듣고 질문에 답하십시오.

5 두 사람은 무슨 동호회에 대해 이야기합니까? (　　)

❶ 여행 동호회　❷ 맛집 동호회　❸ 사진 동호회　❹ 게임 동호회

6 맞지 않는 것을 고르십시오. (　　)

❶ 흐엉 씨는 한국말을 잘 못합니다.

❷ 동호회 모임 사람들은 친절하고 재미있습니다.

❸ 흐엉 씨는 이 동호회 모임에 가 본 적이 있습니다.

❹ 올리비아 씨는 이번 주말에 동호회 모임에 갑니다.

서두르다　보라색　뒤풀이　맛집

7 두 사람은 언제 어디에서 만나겠습니까?

3학년 2반 친구들에게

애들아 안녕? 오랜만이야. 고등학교를 졸업하고 한 번도 못 봤으니까 우리가 만난 지 3년 정도 됐지? 다들 졸업하고 어떻게 지냈어? 그동안 잘 지냈어?

내가 이렇게 초대장을 보내는 이유는 동창회 모임 때문이야. 곧 신촌 고등학교 3학년 2반 동창회를 하려고 하는데 모두 동창회에 꼭 왔으면 좋겠어. 모두 보고 싶으니까 바쁜 일이 없으면 이번 동창회에 꼭 나와.

오랜만에 친구들을 만나서 맛있는 것도 먹고 재미있는 이야기도 할 거야. 선생님께서도 그날 우리를 보러 오실 것 같아. 밥을 먹은 후에는 다 같이 노래방에 갈까 하는데 혹시 다른 좋은 장소가 있으면 나에게 이야기해 줘. 다 같이 사진도 찍을 거니까 예쁘게 하고 와.

미진이는 외국에서 유학 중이어서 못 올 것 같은데 혹시 그날 못 오는 사람이 있으면 나에게 미리 연락해 줘. 그럼 동창회 날에 만나.

혜진이가

일시 20**년 5월 20일 저녁 6시 반
장소 신촌 북경반점

초대장 미리 다들

1 이 사람은 왜 이 글을 썼습니까?

2 맞지 않는 것을 고르십시오. (   )

① 동창회에서 다 같이 사진을 찍겠습니다.
② 동창회가 끝난 후에 노래방에 갈까 합니다.
③ 친구들은 졸업하고 3년 동안 못 만났습니다.
④ 동창회는 5월 20일 오전에 북경반점에서 합니다.

3 이 동창회에는 누가 오지 않습니까? (   )

① 3학년 2반 친구들 ② 선생님 ③ 미진이 ④ 혜진이

Ⅳ. 따라해 봅시다

<된소리 1>

/ㄲ/	/ㄸ/	/ㅃ/	/ㅆ/	/ㅉ/
꼭	또	예쁘게	써서	찍다

- 사진도 **예쁘게 찍**을 거니까 **꼭** 와.
- **또** 밥을 먹은 후에는 노래방에도 갈 거야.
- 초대장을 **써서** 친구에게 보냈어요.

Ⅴ. 정리해 봅시다

1. 여러분은 모임에 가 본 적이 있습니까? 어떤 모임이었습니까?
2. 언제 사람들을 초대합니까?
   사람들을 모임에 초대할 때 무엇을 준비해야 합니까?

08과 초대

2. 집들이 선물

MP3 / 19

• 학습 목표: 선물 준비와 집들이에 관련된 내용을 이해할 수 있다.

Ⅰ. 준비해 봅시다

친구에게 어떤 선물을 하겠습니까? 주고 싶은 선물을 연결하십시오.

1) 친구가 이사를 해서 집들이에 초대를 받았습니다.

2) 아파서 병원에 있는 친구의 병문안을 갑니다.

3) 친구들과 크리스마스 파티를 하려고 합니다.

4) 친구가 결혼을 해서 그 친구에게 선물을 주고 싶습니다.

① 

② 

③ 

④ 

⑤ 

⑥ 

⑦ 

⑧ 

Ⅱ. 들어 봅시다

1 대화를 듣고 알맞은 그림을 고르십시오.

1) (　　)　2) (　　)　3) (　　)　4) (　　)

① 

② 

③ 

④ 

과일　집들이　와인　병문안

2 이야기를 듣고 누가 무엇을 준비했는지 보기 에서 찾아서 쓰십시오.

보기

불고기　　샴페인　　디지털 카메라　　화분

레오	
유키	
하늘	
흐엉	

[3-4] 대화를 듣고 질문에 답하십시오.

3 노라 씨는 왜 선물을 사려고 합니까?

4 맞으면 O, 틀리면 X 하십시오.

1) 노라 씨는 커피와 차를 자주 마십니다. (　　)

2) 백화점에 싸고 예쁜 찻잔이 많습니다. (　　)

[5-7] 대화를 듣고 질문에 답하십시오.

5 오늘 파티에는 누가 오지 않습니까? (　　)

① 존　　② 하늘　　③ 노라　　④ 제임스

6 맞으면 O, 틀리면 X 하십시오.

1) 이 모임은 집들이입니다. (　　)

2) 이 사람들은 갈비찜과 샐러드를 먹겠습니다. (　　)

3) 친구가 오기 전에 먼저 식사를 시작하겠습니다. (　　)

7 사람들이 무슨 선물을 사 왔습니까? 모두 쓰십시오.

찻잔　샴페인　디지털 카메라　화분　빈손　급하다　갈비찜　샐러드

Ⅲ. 읽어 봅시다

에릭
오늘 리타오 집들이가 있는 거 알고 있지? 오전9:47

흐엉
그럼. 근데 집들이에 뭘 사 가지고 가지? 오전9:47

에릭
글쎄...... 지난번에 보니까 집에 시계가 없는 것 같았는데 시계를 선물하는 건 어때? 오전9:47

민준
오전9:48 그거 괜찮을 것 같아. 벽에 걸 수 있는 큰 시계로 살까?

흐엉
벽시계는 사지 마. 중국에서 시계는 끝의 의미를 가지고 있어서 선물하면 안 돼. 오전9:48

에릭
그럼 한국에서는 집들이에 초대를 받으면 뭘 사 가지고 가? 오전9:48

민준
오전9:48 보통 휴지나 비누, 세제 같은 생활용품을 많이 선물해. 근데 요즘에는 향초나 디퓨저 같은 것도 선물로 인기가 있어.

흐엉
그럼 우리는 휴지를 사 가지고 갈까? 휴지는 많이 쓰는 물건이니까. 오전9:49

민준
오전9:49 그래. 그리고 화장실에 놓을 디퓨저도 하나 사 가지고 가. 리타오가 좋아할 거야.

에릭
큰 두루마리 휴지로 사 가면 되지? 오전9:49

흐엉
디퓨저는 내가 살까? 오전9:49

민준
오전9:49 좋아. 그럼 다들 이따가 학교 앞에서 5시 반에 봐.

흐엉
알겠어. 😊 오전9:49

벽시계 끝 향초 디퓨저 두루마리

1 세 사람은 오늘 어떤 모임에 갑니까?

2 왜 리타오에게 시계를 선물하지 않습니까? (   )

❶ 가게에 큰 시계가 없었기 때문에
❷ 리타오 씨 집에 시계가 있기 때문에
❸ 시계가 너무 비싸서 살 수 없기 때문에
❹ 중국에서는 시계에 끝의 의미가 있기 때문에

3 맞지 않는 것을 고르십시오. (   )

❶ 세 사람은 친구입니다.
❷ 선물로 휴지와 디퓨저를 사 가려고 합니다.
❸ 한국에서는 생활용품을 선물하지 않습니다.
❹ 세 사람은 5시 30분에 학교 앞에서 만나겠습니다.

Ⅳ. 따라해 봅시다

<된소리 2> 받침 [ㄱ, ㄷ, ㅂ] 뒤의 /ㄱ/ →[ㄲ]

학교[학꾜] 받기[받끼] 입고[입꼬]

- 이따가 **학교** 앞에서 만나겠습니다.
- 선물을 **받기**가 좀 미안하네요.
- 편한 옷을 **입고** 집들이에 갈까 해요

Ⅴ. 정리해 봅시다

1. 친구의 집에 갈 때 무엇을 사 가지고 갑니까?
2. 여러분 고향에서는 집들이에 선물하는 특별한 물건이 있습니까?

복습

MP3 / 20

1 대화를 듣고 질문에 답하십시오.

1) 누가 어디에 초대를 했습니까?

______ 이/가 ______ 에 초대했습니다.

2) 맞는 것을 고르십시오. (　　)

❶ 이 모임에는 윤아 씨도 오겠습니다.

❷ 하늘 씨는 혼자 샤브샤브와 잡채를 준비합니다.

❸ 유키 씨는 같이 먹을 음식을 사 가지고 가겠습니다.

❹ 다음 주 금요일에 두 사람은 커피숍에서 만나겠습니다.

3) 맞으면 O, 틀리면 X 하십시오.

❶ 만나서 같이 맛있는 음식도 먹고 영화도 보겠습니다. (　　)

❷ 유키 씨는 7시까지 모임에 가야 합니다. (　　)

2 다음을 읽고 질문에 답하십시오.

저는 다음 주에 친구 집들이에 초대를 받았습니다. 한국 사람 집에 처음 가 보는 것이어서 얼마나 기대가 되는지 모릅니다. 친구 집에 빈손으로 가면 안 되기 때문에 친구에게 줄 선물과 꽃다발을 사 가지고 집들이에 갈까 합니다.

그래서 친구 선물을 사러 남대문 시장에 갔습니다. 남대문 시장에서는 여러 가지 특별한 물건들을 살 수 있고, 계산을 카드로 해도 됩니다. 친구에게 예쁜 벽시계가 있으면 좋을 것 같아서 가게에서 벽시계를 골랐습니다. 처음 본 벽시계는 크고 화려한 까만색 시계였습니다. 친구가 이사한 곳은 작은 원룸이기 때문에 이 큰 시계는 어울리지 않을 것 같았습니다.

그다음에 본 벽시계는 하얗고 귀여운 강아지 그림이 있는 시계였습니다. 그런데 생각보다 비싸서 그 시계를 살 수 없었습니다. 마지막으로 본 벽시계는 디자인은 단순하지만 크기도 작고 친구가 좋아하는 파란색 시계였습니다. 그래서 이 시계를 골랐습니다. 아저씨가 물건 값을 많이 깎아 주셔서 싸게 샀습니다. 이 시계가 친구 마음에 들었으면 좋겠습니다.

1) **이 사람이 산 벽시계는 어떻습니까?**

2) **맞는 것을 고르십시오. (　　)**

❶ 전에 한국 사람의 집에 가 본 적이 있습니다.

❷ 남대문 시장에서는 카드로 계산할 수 없습니다.

❸ 두 번째로 본 시계는 다른 시계보다 좀 비쌌습니다.

❹ 처음 본 시계는 커서 친구 방에 잘 어울릴 것 같습니다.

문화

집들이 선물

한국 사람들은 보통 집들이 선물로 휴지나 비누, 세제 등 생활용품을 많이 선물합니다. 휴지는 나쁜 일을 닦아내고, 모든 일이 잘 풀리기를 바란다는 의미로 선물합니다. 비누나 세제는 거품처럼 돈이 많아지고 좋은 일이 많이 생기기를 바란다는 뜻으로 선물합니다. 하지만 집들이에 선물하면 안 되는 물건도 있습니다. 사람과 사람 사이의 관계를 끊어버린다는 의미가 있어서 칼이나 가위는 집들이에 선물하지 않습니다.

1. **한국에서는 집들이에 어떤 물건을 많이 선물합니까?**
2. **여러분 고향에도 다른 사람 집을 방문할 때 선물하면 안 되는 물건이 있습니까?**

샤브샤브　세제

09과 약속

1. 약속 시간과 장소 정하기

MP3 / 21

• 학습 목표: 만남이나 모임을 위해 친구와 약속하는 내용을 이해할 수 있다.

Ⅰ. 준비해 봅시다

잘못 말하는 사람을 고르십시오.

1) 

영민아, 너 오후에 뭐 할 거니? 우리 만날까?

2) 

여러분, 이제 사장님 말씀을 듣겠습니다.

3) 

저희 5시까지 돌아오겠습니다.

4) 

선배야, 이번 주말에 우리 동아리 모임이 있어요.

Ⅱ. 들어 봅시다

1 문장을 듣고 관계가 있는 그림과 연결하십시오.

1) 

유키야, 언제 올 거야? • • ①

2) 

오늘 밥은 내가 살게. • • ②

3) 

너 요즘 공부를 전혀 안 하는구나. • • ③

4) 집에서 야구하면 안 된다. 알았니?  • • ④

아/야 저희 선배 전혀 앞으로 바로

2 대화를 듣고 알맞은 그림과 연결하십시오.

1) • • ❶

2) • • ❷

3) • • ❸

4) • • ❹

[3-4] 대화를 듣고 질문에 답하십시오.

3 두 사람은 무엇에 대해 이야기합니까?

❶ 주말 계획 ❷ 생일 파티 약속
❸ 아르바이트 시간 ❹ 동아리 모임 약속

4 맞으면 O, 틀리면 X 하십시오.

1) 이 사람들은 토요일 7시에 만날 것이다. (   )
2) 두 사람은 모임 장소를 결정했다. (   )

[5-7] 대화를 듣고 질문에 답하십시오.

5 두 사람은 무슨 약속을 합니까? (   )

❶ 전화할 약속 ❷ 주말에 만날 약속
❸ 방학에 만날 약속 ❹ 고향에 돌아갈 약속

벌써 너희 그래 이가/가 무척

6 타오에 대해 맞는 것을 고르십시오. (　　)

❶ 타오는 방학 계획이 없다.
❷ 타오는 방학에 한국에 있다.
❸ 타오는 한강 공원에 가 본 적이 없다.
❹ 타오는 토요일에 민재를 한강 공원에서 만난다.

7 맞으면 O, 틀리면 X 하십시오.

1) 두 사람 모두 주말에 약속이 없었다. (　　)
2) 한강 공원에 가는 길이 어렵지 않다. (　　)

III. 읽어 봅시다

> 다음글　　　목록

여러분, 안녕하세요? 자유게시판　　2018. 09.02. 16:40 | 삭제

여러분, 안녕하세요? 존입니다. 여름 방학이 끝나고 드디어 가을 학기가 시작됐습니다. 길고 더운 여름이 가고 시원한 가을이 온 것을 축하하면서 다 같이 모여서 즐거운 시간을 보냅시다. 여기에 원하는 시간과 장소를 써 주세요.

↳ **주말 아르바이트 중** 안녕? 잘 지냈니? 난 주말에 바빠서 주말에는 안 될 것 같아.

↳ **너무 심심해 ㅜㅜ** 오랜만이다! 난 요즘 너무 심심하다. 언제나 좋아~

↳ **바쁘다 바빠!** 나 다음 주부터 인턴 시작한다!!! 빨리 만나면 좋겠다.

↳↳ **모여야 한다** 그럼 이번 주 금요일에 만날까? 모두 금요일 괜찮니?

↳ **주말 아르바이트 중** 금요일 좋아. 시간은 저녁 6시가 어때?

↳ **바쁘다 바빠!** 6시 좋다! 근데 내가 바빠서 멀리 가는 건 안 된다. 학교 앞에서 만나는 건 어떠니?

↳ **모여야 한다** 좋아. 그럼 학교 앞에서 만나. 그런데 타오가 아무 말이 없네.

↳↳ **너무 심심해 ㅜㅜ** 내가 타오에게 연락할게.

↳ **모여야 한다** 고맙다. 그럼 내가 학교 근처 식당 알아보고 예약할게. 모두 이번 금요일 6시에 학교 앞에서 만나~

드디어　학기　모이다　원하다　인턴

1 이 사람들은 언제 어디에서 만납니까?

약속 시간	약속 장소

2 맞는 것을 고르십시오. (   )

① 곧 여름 방학이 시작된다.
② 윤아는 주말에는 만날 시간이 없다.
③ 주앙은 방학 중에 존을 자주 만났다.
④ 하늘이는 너무 바빠서 모임에 갈 수 없다.

3 앞으로 존과 주앙은 뭘 할까요?

존	주앙

V. 따라해 봅시다

<된소리 3> 받침 [ㄱ, ㄷ, ㅂ] 뒤의 /ㄷ/ → /ㄸ/

좋겠다[조켇따] 고맙다[고맙따] 식당[식땅]

- 금요일에 만나면 **좋겠다.**
- 연락해 줘서 **고맙다.**
- 이 근처에 맛있는 **식당을** 알아요?

V. 정리해 봅시다

1. 여러분은 언제 어디에서 친구와 자주 만납니까?
2. 친구들과 반 모임 약속을 해 보십시오.

09과

약속

2. 약속 바꾸기

MP3 / 22

• 학습 목표: 약속을 바꾸거나 취소하는 내용을 이해할 수 있다.

Ⅰ. 준비해 봅시다

'오늘' 사람들이 하는 이야기입니다. 이야기를 보고 달력에 표시하십시오.

1) 

2) 

3) 

4) 

4월

SUN	MON	TUE	WED	THU	FRI	SAT
	1	2	3	4	5	6
7	8	9	10	11	12	13
14	15	16	17	18	19	20 오늘
21	22	23	24	25	26	27
28	29	30				

서른 살 생일, 고향에 간 날
동아리 모임, 친구 생일 파티

Ⅱ. 들어 봅시다

1 문장을 들은 사람이 할 행동을 고르십시오.

1) (　　)　2) (　　)　3) (　　)　4) (　　)

❶ 

❷ 

❸ 

❹ 

사흘　열흘　닷새　이틀　서른 살　씻다

2 이야기를 듣고 지난주에 한 것에 모두 ✔하십시오.

( )

( )

( )

( )

( )

[3-4] 대화를 듣고 질문에 답하십시오.

3 윤아는 왜 전화했습니까? ( )

❶ 생일 파티에 늦을 것 같아서
❷ 생일 파티에 못 갈 것 같아서
❸ 생일 파티를 취소하고 싶어서
❹ 생일 파티 약속을 하고 싶어서

4 맞으면 O, 틀리면 X 하십시오.

1) 윤아는 아르바이트 가게에서 한 시간 일한다. ( )
2) 두 사람은 같이 생일 파티에 갈 것이다. ( )

[5-7] 대화를 듣고 질문에 답하십시오.

5 두 사람은 무슨 이야기를 합니까? ( )

❶ 고향 방문 약속
❷ 주말 약속 취소
❸ 흐엉 아버지의 출장 계획
❹ 흐엉 아버지를 만날 약속

취소 연습 축하 지키다 갑자기 어쩔 수 없다

6 맞는 것을 고르십시오. (　　)

❶ 흐엉의 아버지는 한국 회사원이다.
❷ 흐엉은 아버지와 같은 회사에 다닌다.
❸ 정민이는 흐엉의 아버지를 만날 것이다.
❹ 정민이는 흐엉의 연락을 기다릴 것이다.

7 흐엉의 아버지는 한국에 며칠 동안 계십니까?

III. 읽어 봅시다

타오야, 왜 전화 안 받니?
전화 좀 잘 받아라.
내일 우리 하숙집
소풍이 취소됐다.
주인아주머니께서 몸이
안 좋으셔서 소풍을 갈 수
없게 됐어. 심심하면 나한테
연락해라. 농구 게임하자.

-옆방 형-

에릭 씨, 안녕하십니까?
세계 무역 회사 김진태입니다.
여러 번 전화 드렸지만 연락이
되지 않아서 문자를 드립니다.
제가 급한 일 때문에 내일
갑자기 출장을 가게 됐습니다.
화요일 약속을 사흘 후로
연기해도 되겠습니까? 정말
죄송합니다. 문자 보시면 연락
주십시오.

주앙아, 할머니다. 반찬 놓고 가니까
맛있게 먹어라. 요즘 날씨가 더워서 생선 요리는
금방 못 먹게 되니까 빨리 먹어라.
고모 집들이는 연기된 거 알지? 고모 집에
일이 생겨서 일주일 뒤에 하게 됐다.
그때 보자.
사랑한다. 내 손자.

몸　일주일　금방

1 약속을 어떻게 바꿨습니까? 또는 바꾸고 싶어합니까? 연결하십시오.

1) 타오 하숙집 소풍 •	• ① 취소
2) 주앙 고모 집들이 •	• ② 3일 뒤로 연기
3) 에릭과 김진태의 약속 •	• ③ 7일 뒤로 연기

2 맞는 것을 고르십시오. (　　)

① 세 사람은 모두 약속을 잘 안 지킨다.
② 타오는 옆방 형과 농구 게임 약속을 했다.
③ 주앙은 할머니 집에서 할머니와 같이 산다.
④ 김진태 씨는 회사 일 때문에 약속을 바꾸고 싶어 한다.

3 메시지를 보고 꼭 연락해야 하는 사람은 누구입니까? (　　)

① 타오　　② 주앙　　③ 에릭　　④ 세 사람 모두

Ⅳ. 따라해 봅시다

<된소리 3>　받침 [ㄱ,ㄷ,ㅂ] 뒤의 /ㅈ/ → /ㅉ/

갑자기[갑짜기]　숙제[숙쩨]　듣지[듣찌]

- **갑자기** 출장을 가게 됐습니다.
- **숙제를** 하지 못해서 걱정이에요.
- 아무도 그 소리를 **듣지** 못했어요.

Ⅴ. 정리해 봅시다

1. 무슨 일 때문에 약속을 취소하게 됩니까?
2. 친구와 한 약속 시간을 바꾸고 싶습니다. 어떻게 말합니까?

10과

부탁

1. 친구에게 부탁하기

MP3 / 23

• 학습 목표: 개인적으로 부탁하고 부탁 받는 내용을 이해할 수 있다.

Ⅰ. 준비해 봅시다

다음 그림의 상황과 맞는 것을 보기에서 골라 쓰십시오.

1) 2) 3) 4)

1) (　　　) 2) (　　　) 3) (　　　) 4) (　　　)

보기

부탁을 하다　　부탁이 있다　　부탁을 받다　　부탁을 들어주다

Ⅱ. 들어 봅시다

1 문장을 듣고 알맞은 대답을 연결하십시오.

1) • 　　• ① 네, 여기에 쓰면 될까요?

2) • 　　• ② 네, 다시 말씀 드릴게요.

3) • 　　• ③ 어떻게 하지? 나도 지금 바쁜데.

4) • 　　• ④ 어제 배운 문법인데 내가 가르쳐 줄게.

부탁을 하다　부탁이 있다　부탁을 받다　부탁을 들어주다　입국

2 대화를 듣고 다음에 이어질 상황에 ✔하십시오.

1)

❶ (　　)

❷ (　　)

2)

❶ (　　)

❷ (　　)

3)

❶ (　　)

❷ (　　)

4)

❶ (　　)

❷ (　　)

[3-4] 대화를 듣고 질문에 답하십시오.

3 에릭 씨는 우진 씨에게 무엇을 빌리려고 합니까?

4 맞으면 ○, 틀리면 X 하십시오.

1) 우진 씨는 에릭 씨의 부탁을 들어줬다. (　　)

2) 에릭 씨는 한국말을 잘 못해서 서비스 센터에 가지 않았다. (　　)

[5-7] 대화를 듣고 질문에 답하십시오.

5 존 씨가 원하는 것은 무엇입니까? 모두 고르십시오. (　　,　　)

❶ 공책을 빌린다.

❷ 수업 설명을 듣는다.

❸ 공항에 같이 다녀온다.

❹ 교수님을 같이 만난다.

고장 나다　서비스 센터　그대로　동양　문화　적다　설명

6 윤아 씨는 왜 존 씨의 부탁을 들어주지 못했습니까? ( )

① 학교에 결석해서
② 고향에 돌아가서
③ 칠판에 빨리 썼다가 지워서
④ 교수님 말씀이 너무 빨라서

7 맞으면 O, 틀리면 X 하십시오.

1) 존 씨는 지난번 수업 때 윤아 씨를 못 만났다. ( )
2) 존 씨는 하늘 씨에게 부탁하려고 한다. ( )

III. 읽어 봅시다

친구에게 부탁을 해 본 적이 있나요? 또 부탁을 받은 적이 있나요? 여러분은 어떻게 말합니까?

자리에 앉았다가 에어컨 때문에 너무 추워서 자리를 바꾸고 싶을 때 어떻게 부탁하면 좋을까요? "미안하지만 자리 좀 바꿔 줄 수 있어? 나는 좀 추워서.", "부탁이 있는데 좀 들어줄래? 자리 좀 바꿔도 될까?"

말은 쉬운데 친한 친구한테도 부탁은 참 어렵습니다. 부탁을 했는데 친구가 들어주지 않으면 기분이 나쁠 것 같습니다. 사람들은 진짜로 부탁은 하지 않고, 친구가 들어주지 않을 것 같아서 걱정만 합니다.

설명을 잘 하고 부탁하면, 좋은 친구는 여러분의 이야기를 잘 들어줄 것입니다. 부탁을 받은 사람도 상황이 어려워서 들어줄 수 없을 때 '아니요'라고 말하는 것을 너무 어려워하지 마세요. 또 친구가 부탁을 들어주지 않을 때 너무 기분 나빠하지 마세요. 친구 사이에서 부탁을 너무 힘들어하지 마세요.

걱정하다 사이

1 이 글에서 이야기하고 있는 것은 무엇입니까? (   )

❶ 친구 사이에 부탁은 하지 않는 것이 좋다.
❷ 친구에게 부탁을 받으면 꼭 들어줘야 한다.
❸ 친구에게 부탁하는 것을 너무 어려워할 필요가 없다.
❹ 들어주지 않을 것 같으면 부탁은 하지 않는 것이 좋다.

2 사람들은 친구한테 부탁하는 것을 왜 어려워합니까?

3 맞으면 ○, 틀리면 X 하십시오.

1) 친구한테 부탁하는 일은 아주 쉬운 일이다. (   )
2) 친구에게 부탁할 때 내용을 말하지 않아도 된다. (   )

Ⅳ. 따라해 봅시다

<된소리 5> 받침 /ㄱ, ㄷ, ㅂ/ 뒤의 /ㅅ/ → [ㅆ]

식사[식싸] 닫습니다[닫씁니다] 어렵습니다[어렵씁니다]

- **식사**를 하면서 친구에게 부탁을 했어요.
- 창문을 **닫습니다**.
- 부탁은 참 **어렵습니다**.

Ⅴ. 정리해 봅시다

1. 친구에게 부탁할 때 어떻게 말합니까?
2. 친구에게 무슨 부탁을 해 봤습니까? 이야기해 봅시다.

10과 부탁

2. 사무실에서 부탁하기

MP3 / 24

• 학습 목표: 모르는 사람에게 부탁하거나 공공 기관에서 부탁하는 내용을 이해할 수 있다.

I. 준비해 봅시다

다음 빈칸에 어울리는 말을 보기에서 골라 쓰십시오.

1) (　　), 서류가 어디 있지?

2) (　　), 저도 지금 일이 많은데요.

3) (　　), 이제 회의를 시작할까요?

4) (　　), 실례합니다만 박 과장님께 이 메모 좀 전해 주시겠습니까?

보기

저기　　음　　어　　자

실례하다　저기　음　어　자

II. 들어 봅시다

1 지금 어떤 상황입니까? 문장을 듣고 알맞은 그림을 연결하십시오.

1) • 2) • 3) • 4) •

❶ 
❷ 

❸ 
❹ 

2 대화를 듣고 유키 씨가 아는 것에 모두 ✔하십시오.

1) ☐ 은행의 위치
2) ☐ 은행 문 닫는 시간
3) ☐ 체크 카드 만들 때 필요한 것
4) ☐ 체크 카드 만들 때 걸리는 시간

[3-4] 대화를 듣고 질문에 답하십시오.

3 리타오 씨가 알고 싶은 것은 무엇입니까? (　　)

❶ 비자 연장에 필요한 서류
❷ 출입국 관리 사무소 위치
❸ 비자 연장 인터넷 예약 방법
❹ 출입국 관리 사무소 문 여는 시간

4 맞으면 O, 틀리면 X 하십시오.

1) 리타오 씨는 이미 필요한 서류를 모두 준비했다. (　　)
2) 인터넷으로 예약하고 가면 일이 더 빨리 끝난다. (　　)

저　아　체크 카드　신분증　글쎄요　연장하다　출입국 관리 사무소　서류
재학 증명서

[5-7] 대화를 듣고 질문에 답하십시오.

5 노라 씨는 오늘 사무실에 왜 왔습니까?

6 노라 씨는 오늘 최 과장님을 왜 못 만났습니까? (　　)

❶ 노라 씨가 수업이 있어서　　❷ 노라 씨가 아르바이트가 바빠서
❸ 최 과장님이 회의 때문에 나가서　　❹ 최 과장님과 약속을 하지 못해서

7 맞으면 O, 틀리면 X 하십시오.

1) 노라 씨는 최 과장님과 어제 전화를 했다. (　　)
2) 사무실 직원은 최 과장님이 어디에 갔는지 모른다. (　　)

Ⅲ. 읽어 봅시다

한국에 와서 처음으로 국립 중앙 박물관에 다녀왔다. 4호선 이촌역에서 내렸는데 어디로 나가는지 몰라서 지나가는 아저씨께 길을 물어봤다.

"저, 실례합니다만 국립 중앙 박물관에 가려고 하는데 몇 번 출구로 나가는지 아세요?"

아저씨가 친절하게 가르쳐 주셔서 쉽게 찾을 수 있었다. 국립 중앙 박물관은 돈을 내지 않고 무료로 들어갔다. 박물관을 구경할 때 설명을 잘 듣고 싶어서 외국어 음성 안내기를 빌리러 갔다.

"죄송합니다만, 영어 음성 안내기를 빌리고 싶은데 어떻게 해야 합니까?"

"신분증과 3천 원을 내면 빌릴 수 있습니다."

음성 안내기로 설명을 들으면서 박물관을 천천히 구경하니까 이해하기 쉽고 정말 재미있었다. 유키도 한국 역사에 관심이 많은데 다음에는 같이 가야겠다.

다음에 갈 때는 안내 선생님의 설명도 신청해서 직접 들으면서 구경하고 싶다.

빌다　퇴근하다　신청　지나가다　음성 안내기

1 이 사람이 지나가는 아저씨에게 물어본 것은 무엇입니까?

2 이 사람은 박물관에서 왜 음성 안내기를 빌렸습니까? (   )

❶ 무료여서
❷ 설명을 잘 듣고 싶어서
❸ 박물관을 하루에 다 보기 어려워서
❹ 선생님의 설명을 직접 들을 수 있어서

3 맞으면 ○, 틀리면 X 하십시오.

1) 이 사람은 전에 국립 중앙 박물관에 가 본 적이 있다. (   )
2) 음성 안내기를 빌리고 싶으면 신분증이 필요하다. (   )

V. 따라해 봅시다

<콧소리 1> 받침 /ㄴ, ㅁ, ㅇ/

은행 감사합니다만 영어

- **은행**이 어디에 있는지 알아요?
- **감사합니다만** 다음 역에서 내립니다.
- **영어** 음성 안내기를 빌리고 싶은데요.

V. 정리해 봅시다

1. 모르는 사람한테 부탁할 때 어떻게 말합니까?
2. 공공 기관에서 무슨 부탁을 해 봤습니까? 이야기해 봅시다.

복습

MP3 / 25

1 다음을 읽고 질문에 답하십시오.

11월 5일 화요일 맑음

우리 신문사에 갑자기 급한 일이 생겨서 내일부터 사흘 동안 일본에 출장을 갔다가 오게 됐다. 그런데 이틀 후에 학교에서 발표가 있다.

그래서 부장님께서 출장을 말씀하셨을 때 부탁을 드렸다.

"저… 부장님, 죄송합니다만 다른 사람이 가면 안 될까요?"

부장님은 부탁을 들어주시지 않았다.

"유키 씨, 힘든 건 알겠습니다만 이번 출장은 꼭 유키 씨가 가야 합니다."

이럴 때는 어떻게 해야 하는지 잘 모르겠다. 학교의 발표 날짜를 바꿔야 하나? 선생님께 출장 서류를 내면 발표 날짜를 바꿀 수 있을까? 친구하고 발표 날짜를 바꾸면 괜찮을까? 발표를 못하면 2급을 다시 공부하게 될까? 역시 회사를 다니면서 공부를 하는 건 힘들다.

1) 맞는 것을 고르십시오. (　　)

① 유키 씨는 이틀 동안 일본에 갔다가 올 것이다.
② 유키 씨는 출장을 못 가게 돼서 부장님께 죄송해 한다.
③ 유키 씨는 출장을 갔다가 와서 이틀 후에 발표를 할 것이다.
④ 유키 씨는 신문사 일 때문에 학교의 발표 날짜를 바꿔야 한다.

2) 앞으로 유키 씨가 할 일로 맞는 것을 고르십시오. (　　)

① 발표 준비를 한다.
② 부장님께 다시 부탁한다.
③ 회사의 급한 일을 할 사람을 찾는다.
④ 발표 날짜를 바꿀 수 있는지 알아본다.

3) 맞으면 O, 틀리면 X 하십시오.

① 선생님께 출장 서류를 내면 발표 날짜를 바꿀 수 있다. (　　)
② 유키 씨는 회사 일과 학교 공부를 같이 하는 것이 힘들다. (　　)

2 대화를 듣고 질문에 답하십시오.

1) **맞는 것을 고르십시오. (　　)**

① 유키 씨는 노라 씨에게 신문사 일을 부탁한다.
② 노라 씨는 유키 씨의 부탁을 들어주지 않았다.
③ 노라 씨는 유키 씨와 같이 보고 싶은 영화가 있었다.
④ 유키 씨는 출장 후에 노라 씨와 같이 영화를 볼 것이다.

2) **맞으면 ○, 틀리면 X 하십시오.**

① 유키 씨는 노라 씨보다 나이가 많다. (　　)
② 유키 씨는 주말 약속을 하려고 노라 씨를 만났다. (　　)

문화

인기 약속 장소

서울에서 약속 장소로 인기가 많은 곳은 어디일까요? 인터넷에서 제일 많이 검색된 5대 인기 약속 장소는 홍대, 강남역, 압구정, 가로수길, 이태원입니다. 이 중 1위인 홍대는 맛있는 식당과 분위기 좋은 카페, 개성 있는 스타일의 옷 가게, 재미있는 클럽과 술집, 다양한 길거리 공연(버스킹) 등으로 유명해서 젊은 사람들이 많이 찾습니다. 강남역, 압구정, 가로수길은 세련된 분위기를 느낄 수 있고, 이태원은 여러 나라의 다양한 문화를 느낄 수 있는 곳입니다.

1 **서울에서 인기가 많은 약속 장소는 어디입니까?**
2. **여러분 고향에서는 어떤 곳이 약속 장소로 인기가 많습니까?**

내다　역시　순서　끝내다

부록

모범 답안
색인

모범 답안

1-1 안부 인사

Ⅰ. 준비해 봅시다.

1) ② 2) ① 3) ④ 4) ③

Ⅱ. 들어 봅시다.

1. 1) ④ 2) ① 3) ③ 4) ②

2.

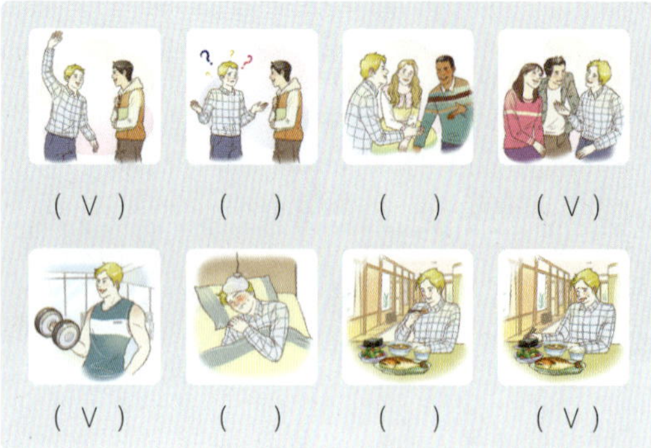

3. 1) ② 2) ①

4. 1) ○ 2) x

5. 1) ② 2) ③ 3) ①

6. ①

7. 기분, 건강

Ⅲ. 읽어 봅시다.

1. ②

2. ③

3.

바빠요	(즐거워요)	추워요
(여행해요)	한국어를 공부해요	(가족을 만나요)
학교에 다녀요	선생님을 만나요	(맛있는 음식을 먹어요)

1-2 소개

Ⅰ. 준비해 봅시다.

1) ③ 2) ① 3) ② 4) ④

Ⅱ. 들어 봅시다.

1. 1) ① 2) ② 3) ① 4) ①

2. ② → ④ → ③ → ①

3.

	전공	일하고 싶은 곳
존	경영학	무역 회사
하늘	국어 국문학	잡지사

4. 1) x 2) x

5. 1) ②, ③, ⑤ 2) ①, ④

6. ②

7. 1) x 2) x

Ⅲ. 읽어 봅시다.

1. ③

2.

대학교	대학원
아시아학	한국학

3. ④

2-1 내 친구

Ⅰ. 준비해 봅시다.

1) ① 2) ④ 3) ③ 4) ②

Ⅱ. 들어 봅시다.

1. 1) ③ 2) ④ 3) ① 4) ②

2. 1) ② 2) ① 3) ③ 4) ④

3. ③

4. 1) × 2) ○

5. 1) ①, ②, ⑤, ⑦ 2) ③, ④, ⑥

6. 경주 여행

7. 1) × 2) × 3) ○

Ⅲ. 읽어 봅시다.

1. ①

2. ③

3. 같이 공부하고 놀면서 노래방에도 가고 싶어 합니다.

2-2 가족과 친척 모임

Ⅰ. 준비해 봅시다.

1) ④ 2) ③ 3) ① 4) ②

Ⅱ. 들어 봅시다.

1. 1) 삼촌, 직업 2) 외할머니, 고향
3) 내일, 날씨 4) 오늘, 메뉴

2. 1) ② 2) ② 3) ① 4) ①

3. 할머니 생신

4. 1) × 2) ○

5. 조카의 돌잔치

6. 1) ○ 2) ×

7. 장난감 야구공, 조카가 운동선수가 되면 좋을 것 같아서

Ⅲ. 읽어 봅시다.

1. 고모의 결혼식이어서

2. ③

3. 친척들과 한국말로 이야기할 수 있어서

◆ 복습

1. 대화를 듣고 대답하십시오.

1)

존	리타오
잘 지냈습니다.	바쁘게 지냈습니다.

2) ①

3) ① × ② ○

2. 다음을 읽고 질문에 답하십시오.

1) ③
2) ③

3-1 친구의 고향

Ⅰ. 준비해 봅시다 .

1) ②　　2) ③　　3) ①　　4) ④

Ⅱ. 들어 봅시다.

1. 1) 3년 전　2) 3개월 전　3) 일주일 전　4) 10년 전
2. 1) ①　2) ②　3) ①　4) ②
3. 베이징, 중국, 북쪽
4. 1) ×　2) ○
5. 호찌민　남쪽　노르웨이
6. 가족들, 고향 음식
7. ②

Ⅲ. 읽어 봅시다.

1. 1) 지난 주말　2) 영수 씨를 만나러
2. ③
3. 1) ①③　2) ④⑤　3) ②⑥

3-2 아름다운 내 고향

Ⅰ. 준비해 봅시다.

외롭습니다　그리울　부럽습니다　행복할

Ⅱ. 들어 봅시다.

1. 1) ②　2) ③　3) ④　4) ①
2. 작습니다, 공기가 좋습니다, 바다가 있습니다, 한가하게 지냅니다
3. 1) ②, ③　2) ①, ④
4. 1) ×　2) ○
5. ③
6. ④
7. 바닷물도 깨끗하고 근처에 구경거리도 많기 때문에

Ⅲ. 읽어 봅시다.

1. 하와이, 호놀룰루　와이키키 해변
2.

왜 와이키키 해변에 신혼여행을 많이 옵니까?	구경거리, 쇼핑
하와이에 여행 온 사람들이 무엇을 삽니까?	커피, 초콜릿
이 사람은 고향 바다에서 무엇을 했습니까?	수영, 서핑

3. ④

4-1 이사

Ⅰ. 준비해 봅시다.

(③) → (①) → (⑤) → (④) → (②)

Ⅱ. 들어 봅시다.

1. 1) ①　2) ④　3) ③　4) ②
2. 1) ②　2) ③　3) ①　4) ④
3. 이사하는 날까지 짐을 다 못 쌀 것 같아서
4. 1) ○　2) ○
5. ③
6. ②
7. 원룸 아파트

Ⅲ. 읽어 봅시다.

1. 1) ⑤, ⑥　2) ①, ④　3) ②, ③
2. 1) ○　2) ×　3) ×
3. 이 사람은 내일 부동산에 가서 원룸을 계약하겠습니다.

4-2 내가 사는 집

Ⅰ. 준비해 봅시다.

1) ②　2) ③　3) ④　4) ①

Ⅱ. 들어 봅시다.

1. ④
2. 1) ④　2) ②　3) ③　4) ①
3. 청소하는 중입니다.
4. 1) ×　2) ○
5. ③
6. ③
7. 미용실 건물 2층

Ⅲ. 읽어 봅시다.

1. ③
2. 1) ○　2) ○　3) ×
3. 청소를 잘하는 친구를 찾고 있습니다.

◆ 복습

1. 대화를 듣고 대답하십시오.

1) ③
2) ②
3) 오랜만에 할아버지께 전화하겠습니다.

2. 다음을 읽고 질문에 답하십시오.

1) ① ×　② ○　③ ○
2) ③

5-1 음식 소개

Ⅰ. 준비해 봅시다.

1) 커피	· 간장	· 뿌리다
2) 초밥	· 고추장	· 넣다
3) 냉면	· 식초	· 찍다
4) 비빔밥	· 설탕	· 비비다

1) 커피에 설탕을 넣어서 마셔요
2) 초밥을 간장에 찍어서 먹어요.
3) 냉면에 식초를 뿌려서 먹어요.
4) 비빔밥에 고추장을 넣고 비벼서 먹어요.

Ⅱ. 들어 봅시다.

1.

2. ①, ③

3.

좋아하는 음식	양념
파전	간장

4. 1) ○ 2) ×

5. ③

6. ②

7.

Ⅲ. 읽어 봅시다.

1. 대구 치맥 페스티벌

2.

먹은 것	마신 것
치킨(프라이드 치킨, 마늘 치킨, 양념 치킨)	맥주

3. ①

5-2 음식 재료와 요리

Ⅰ. 준비해 봅시다

1) ④ 2) ③ 3) ② 4) ①

Ⅱ. 들어 봅시다.

1. 1) ② 2) ① 3) ① 4) ②
2. ④
3. 닭고기, 인삼, 마늘, 대추
4. 1) ○ 2) ○
5. ② → ④ → ① → ③
6. ③
7. 1) ○ 2) ×

Ⅲ. 읽어 봅시다.

1. ②
2. ④ → ② → ⑤ → ③ → ①
3. 1) ○ 2) ×

6-1 편의점

Ⅰ. 준비해 봅시다.

1) ③ 2) ② 3) ④ 4) ①

Ⅱ. 들어 봅시다.

1. 1) ③ 2) ② 3) ① 4) ④
2. 1) ① 2) ① 3) ② 4) ②
3. ④
4. 1) × 2) ○
5. 1) ② 2) ③ 3) ①
6. 채소와 과일
7. 1) × 2) ○

Ⅲ. 읽어 봅시다.

1. 편의점
2. ④
3. 1) × 2) ×

6-2 인터넷 쇼핑몰

Ⅰ. 준비해 봅시다.

1) ③ 2) ④ 3) ① 4) ②

Ⅱ. 들어 봅시다.

1. 1) ① 2) ② 3) ② 4) ①
2. 1) 노라 2) 에릭 3) 흐엉 4) 주앙
3. 고속터미널 지하 쇼핑 상가
4. 1) ○ 2) ○
5. 소파
6. 인터넷 쇼핑몰
7. ①

Ⅲ. 읽어 봅시다.

1. ④
2. ④
3. 싸게 살 수 있습니다. 편하게 쇼핑할 수 있습니다.

◆ 복습

1. 다음을 읽고 질문에 답하십시오.

1) ④
2) ③
3) 시장

2. 대화를 듣고 대답하십시오.

1) ①→ ④ → ② → ③
2) ③

7-1 사고 싶은 물건

Ⅰ. 준비해 봅시다.

1) 

2) 

3) 

4) 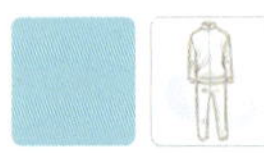

Ⅱ. 들어 봅시다.

1. 1) ② 2) ④ 3) ① 4) ③
2. ①, ④, ⑤
3.

옷	양복
필요한 이유	친구 결혼식에 가야 해서

4. 1) × 2) ○

5. 화장품 가게
6. 립스틱, 로션
7. ③

Ⅲ. 읽어 봅시다.
1. 여름에 신기 좋은 운동화
2. 1) ②, ④　　2) ③, ⑤　　3) ①, ⑥
3. 1) ×　　2) ×　　3) ○

7-2 물건 소개

Ⅰ. 준비해 봅시다.
1) ③　　2) ④　　3) ①　　4) ②

Ⅱ. 들어 봅시다.
1. 1) ④　　2) ③　　3) ②　　4) ①
2. 1) ②　　2) ①　　3) ②　　4) ①
3. 고향에 계신 외할머니와 어머니를 생각할 수 있어서
4. 1) ×　　2) ○
5. ③
6. 디자인이 멋있고 가볍습니다.
7. ②

Ⅲ. 읽어 봅시다.
1.

물건	값
식탁과 의자	10만원

2. 1) ③, ④　　2) ①, ④　　3) ②, ⑤
3. ③

8-1 모임 초대

Ⅰ. 준비해 봅시다.
1) ②　　2) ①　　3) ④　　4) ③

Ⅱ. 들어 봅시다.
1. 1) ③　　2) ②　　3) ①　　4) ④
2. 1) ①　　2) ①　　3) ②　　4) ②
3. ②
4. 1) ○　　2) ○
5. ①
6. ③
7. 일요일 오후 2시에 연세공원 앞에서

Ⅲ. 읽어 봅시다.
1. 동창회에 친구들을 초대하려고
2. ④
3. ③

8-2 집들이 선물

Ⅰ. 준비해 봅시다.
생략/ 학생의 생각에 따라 답이 다양해질 수 있음

Ⅱ. 들어 봅시다.
1. 1) ④　　2) ③　　3) ②　　4) ①
2.

레오	불고기
유키	샴페인
하늘	화분
흐엉	디지털 카메라

3. 친구가 결혼하기 때문에 선물을 사려고 합니다.
4. 1) ×　　2) ×
5. ③
6. 1) ○　　2) ○　　3) ×
7. 딸기 케이크와 화분

Ⅲ. 읽어 봅시다.
1. 리타오의 집들이
2. ④
3. ③

◆ 복습

1. 대화를 듣고 대답하십시오.
1) 하늘이, 집들이
2) ①
3) ① (×)　　② (○)

2. 다음을 읽고 질문에 답하십시오.
1) 디자인이 단순하고 크기가 작은 파란색 시계
2) ③

9-1 약속 시간과 장소 정하기

Ⅰ. 준비해 봅시다.
4)

Ⅱ. 들어 봅시다.
1. 1) ②　　2) ③　　3) ①　　4) ④
2. 1) ①　　2) ④　　3) ②　　4) ③
3. ②
4. 1) ×　　2) ×
5. ②
6. ③
7. 1) ○　　2) ×

Ⅲ. 읽어 봅시다.
1.

약속 시간	약속 장소
이번 금요일 6시	학교 앞

2. ②
3.

존	주앙
학교 근처 식당을 알아본다.	리타오에게 연락한다.

9-2 약속 바꾸기

I. 준비해 봅시다.

4월

SUN	MON	TUE	WED	THU	FRI	SAT
	1	2	3	4	5	6
7	8	9	10 고향에 간 날	11	12	13
14	15 친구 생일 파티	16	17 동아리 모임	18	19	20 오늘
21	22 서른 살 생일	23	24	25	26	27
28	29	30				

II. 들어 봅시다.

1. 1) ④ 2) ③ 3) ② 4) ①
2.

( ) (V) (V) ( ) (V)

3. ①
4. 1) × 2) ×
5. ②
6. ④
7. 열흘(10일)

III. 읽어 봅시다.

1. 1) ① 2) ③ 3) ②
2. ④
3. ③

10-1 친구에게 부탁하기

I. 준비해 봅시다.

1) 부탁이 있다 2) 부탁을 하다
3) 부탁을 받다 4) 부탁을 들어주다

II. 들어 봅시다.

1. 1) ④ 2) ③ 3) ② 4) ①
2. 1) ② 2) ② 3) ① 4) ①
3. 노트북
4. 1) ○ 2) ×
5. ①, ②
6. ①
7. 1) ○ 2) ○

III. 읽어 봅시다.

1. ③
2. 친구가 부탁을 들어주지 않을 것 같아서
3. 1) × 2) ×

10-2 사무실에서 부탁하기

I. 준비해 봅시다.

1) 어 2) 음 3) 자 4) 저기

II. 들어 봅시다.

1. 1) ③ 2) ④ 3) ② 4) ①
2. (1), (3)
3. ②
4. 1) × 2) ○
5. 아르바이트 신청 서류를 내려고
6. ③
7. 1) ○ 2) ×

III. 읽어 봅시다.

1. 국립 중앙 박물관으로 가는 지하철 출구 번호
2. ②
3. 1) × 2) ○

◆ 복습

1. 다음을 읽고 질문에 답하십시오.

1) ④
2) ④
3) ① × ② ○

2. 대화를 듣고 대답하십시오.

1. ④
2. ① ○ ② ×

색인

어휘 색인

이미지 출처: 국립중앙박물관, 서울도서관, you

English Version

새 연세한국어 듣기와 읽기 2-1

별책부록

NEW YONSEI KOREAN Listening and Reading

연세대학교 한국어학당 편

연세대학교 출판문화원

Foreword

The Yonsei University Korean Language Institute ("Yonsei KLI") was established in 1959 as the first institute to provide Korean language courses. Yonsei KLI has published numerous Korean language teaching textbooks and conducted various studies on Korean language pedagogy commensurate with its long history and prestigious reputation as the world's leading Korean language institute. Yonsei KLI has imparted language skills and knowledge of Korea's rich cultural heritage to over 140,000 students from 147 countries. More recently, the institute has extended the learning environment beyond physical classrooms to the online space through the creation of MOOCs(Massive Open Online Course), which have received deep appreciation from those who wish to learn the Korean language but are unable to attend Yonsei KLI in person. To keep pace with the rapidly evolving educational environment, Yonsei KLI continues to relentlessly pursue various endeavors to update and develop new methods of and materials for teaching the Korean language.

Yonsei KLI has offered various regular, short-term, and the university Korean courses for those who are studying the Korean language for both general and special purposes. The institute has been deeply committed to developing teaching materials of the highest quality that cater to learners' needs. The textbooks created and published by Yonsei KLI have been satisfying the diverse needs of Korean language instructors and learners around the world to provide excellent teaching and learning experiences.

Yonsei KLI is now proud to present the "New Yonsei Korean" textbook series which follows in the steps of the "Yonsei Korean 1-6" series, the all-time favorite textbook series for learning the Korean language. Many scholars and instructors with years of hands-on Korean language teaching experience have been involved, and great deals of time and effort have been dedicated in its development. Their understanding of the best teaching practices and the needs of learners are incorporated into this new series.

The recently published "New Yonsei Korean" textbook series is comprised of six levels of vocabulary and grammar, speaking and writing, and listening and reading textbooks. "New Yonsei Korean Vocabulary and Grammar" textbook helps the Korean learners at each level in building and utilizing the key vocabulary words and grammatical concepts. "New Yonsei Korean Speaking and Writing" textbook focuses on speaking and writing exercises that enable learners to familiarize themselves with expressions that are essential for communication in Korean. "New Yonsei Korean Listening and Reading" textbook fosters 2 the comprehension skills appropriate for each level of the Korean language through listening and reading exercises. The three textbooks in each series can be used together as a package to help learners acquire balanced Korean language proficiency or may be used separately depending on the educational environment or individual learners' needs. Furthermore, an additional guidebook for the vocabulary and grammar textbook was provided to assist teachers with relatively less experiences.

Yonsei KLI will continue to dedicate time and energy to developing textbooks and teaching materials that can satisfy the needs and meet the expectations of Korean language learners around the world. Yonsei KLI hopes that this newly released textbook series will be of great help to numerous instructors both inside and outside of Korea doing their utmost to offer top-notch Korean language education and to all of the learners around the world striving to learn the Korean language.

The Yonsei University Institute of Language Research and Education
The Yonsei Korean Language Institute Textbook Compilation Committee

Introduction

1 This book, together with "New Yonsei Korean Language Vocabulary & Grammar 2" and "New Yonsei Korean Language Speaking & Writing 2" is for beginner-level Korean language learners.

2 This book focuses on developing students' comprehension so that beginner-level Korean language learners can understand what they have heard and read in Korean.

3 This consists of 20 lessons and each lesson is made up of two sections, totaling 40 sections in all. For every two lessons, there is a separate review section, and there are a total of 10 review sections in the book. Each section consists of enough material for a 50-minute class, and the entire book contains 50 sections total. Every review section also contains a segment that introduces Korean culture.

4 Each section of the book consists of a title, learning objectives, and a five-stage process, which includes a "Let's Prepare" segment, "Let's Listen" segment, "Let's Read" segment, "Let's Repeat" segment, and a "Let's Organize" segment.

5 Though the title of each lesson in this book is the same as the lesson titles of "New Yonsei Korean Language Vocabulary & Grammar 2," the title of the section is a sentence from the contents of the section that best represent the lesson. In addition, a QR code is included next to each title so that learners can easily listen to the audio.

6 The learning objectives are expressed in "can understand –" and "can understand ~ -related materials" format to clearly state the comprehension function of the lesson.

7 The "Let's Prepare" segment is an introduction to the section and is a preparatory stage that helps learners understand the reading and listening contents of the unit. It consists of the study of necessary vocabulary related to the lesson content of the unit. However, it is not just a simple lesson on vocabulary; the vocabulary list consists of words that are actually used in the sentence or within the context of the dialogue so that learners can further their understanding of the words that are being used.

8 "Let's Listen" is formatted so that learners can improve their real-life communication skills by learning colloquial expressions. The listening passages begin with simple sentences,

then conversations, and then formal discourse and ranges from short to long and easy to difficult passages.

9 "Let's Read" focuses on improving the communication skills of beginner-level Korean language learners in their usage of literary expressions in every-day situations. Students will read various forms of writings (memos, journals, emails, advertisements, invitations, blogs, internet forums, etc.) that they may come across in real-life situations and work on exercises to comprehend the contents of what they have read.

10 "Let's Repeat" seeks to help learners with their pronunciation. Vocabulary words from the listening or reading passages that include a phoneme change or have a high error rate have been selected per unit and are listed together with other words that follow the same pronunciation rules. The segment also includes sentences that include those specific vocabulary words.

11 "Let's Organize" is a segment that helps learners confirm and examine what they have learned and aims to strengthen students' linguistic ability through an integrated learning method that incorporates other learning skills. This segment includes exercises where learners can integrate the contents of the listening and reading lessons with speaking and writing activities.

12 "Review" is comprised of a reading and listening passage where learners can utilize the vocabulary, grammar, and contents of what they have learned in the preceding two lessons. Learners can focus on either listening or reading using what they have learned from each section and use an integrated learning method to connect the other remaining skill through these exercises.

13 "Culture" is contained in the final portion of the Review Section as a cultural text and illustration. Cultural contents that are appropriate for comprehension purposes are selected and included to introduce contents about Korean culture.

14 The Appendix includes an answer key and a list of vocabulary words and a separate booklet includes a translation of the reading passages, as well as listening passage transcripts and translations.

Contents Map

Chapter	Title	Lesson objective	Expression	Culture (review unit)
Unit 1 Greetings and Introductions	<1> Greetings	to ask how a person is and understand the answer	-게[1] -어지다	Titles
	<2> Introductions	to understand introductions about jobs and majors	-은 지 -으려고	
Unit 2 Friends and Family	<1> My Friends	to understand descriptions and introductions about friends	-네요 -겠다[2]	
	<2> Meetings with Family and Relatives	.to understand introductions of family and relatives and family gatherings	-을 때 의	
Unit 3 Hometown	<1> The Hometown of my Friend	To understand the description of the location and environment of a hometown	만에 -어 보다[1]	The Houses of Koreans
	<2> My Beautiful Hometown	To understand descriptions of the natural environment and the way of life of a hometown	-기 때문에 -는데[2]	
Unit 4 Houses	<1> House-Moving	To understand the content of preparing for a move and looking for a new house	-었으면 좋겠다 -어야겠다	
	<2> The House Where I Live in	To understand introductions of house chores and the house in which you live	-는 중이다 -나요?	
Unit 5 Food	<1> Introducing Food	To understand introductions on how to eat food	-어 보다[2] -는데[3]	Gwangjang Market
	<2> Food Ingredients and Cooking	To understand the explanation of ingredients for a meal and how to cook it	-은 적이 있다 에다가	
Unit 6 Market	<1> Convenience Store	To understand the introduction to a shopping location	-을까요?[3] -을 거예요[2]	
	<2> Internet Shopping Mall	To understand the recommendations for places of shopping	-는데[4] -어하다	

Chapter	Title	Lesson objective	Expression	Culture (review unit)
Unit 7 Shopping	<1> Things I Want to Buy	To understand the description of a situation where one is buying a product and what one wants to buy	-어도 되다 -으면 안 되다	House-warming Gifts
	<2> Introducing Products	To understand introductions of products you have purchased and descriptions of things you want to sell.	ㅎ동사 얼마나 -는지 모르다	
Unit 8 Invitations	<1> Meeting Invitation	To understand the content of introductions and invitations to meetings	-어 -을까 하다	
	<2> House-warming Party Gift	To understand how to prepare a gift for and things related to a housewarming party	-어 가지고 -지 마	
Unit 9 Appointments	<1> Setting a Time and Place for an Appointment	To understand the content of an appointment made with friends for a meeting or gathering	-는다, -니? -을게요	Popular Locations for Meeting Appointments
	<2> Changing an appointment	To understand the content of an appointment being changed or cancelled	-어라, -자 -게 되다	
Unit 10 Requests	<1> Asking a Favor to your Friend	To understand the content when asking and receiving a personal favor.	-을래요? -었다가[1]	
	<2> Making a Request at the Office	To understand the content of a request made to strangers or at public institutions	-습니다만 -는지 알다	

Contents

Unit 1

<1> Greetings

Lesson objective: to ask how a person is and understand the answer

Vocabulary

잡지사 magazine company
방송국 broadcasting station
항공사 airline company　무역 회사 trade company
스튜어디스 flight attendant
지내다 to spend one's time　처음 first
즐겁다 to be happy or enjoyable
열심히 diligently　익숙하다 to be used to
건강하다 to be healthy　곧 soon
연휴 consecutive holidays
다녀오다 to go and then come back
오랜만 after a long time　다니다 to attend
걱정 worry　잊어버리다 to forget
글 text　일기 journal
편지 letter　메모 memo

• Let's listen

1.

(1) 저는 한국에서 바쁘게 지내요.
I live a busy life in Korea.

(2) 친구들과 재미있게 시간을 보내고 있어요.
I am having a good time with my friends.

(3) 요즘 한국은 날씨가 많이 더워졌어요. 힘들게 지내요.
The weather in Korea has become much warmer. I'm having a hard time.

(4) 처음에는 힘들었지만 이제는 한국 음식을 맛있게 먹을 수 있어요.
It was difficult at first but now I can enjoy eating Korean food.

2.

처음에는 한국 생활이 힘들었지만 이제는 즐겁게 지내요. 한국말을 열심히 공부해서 한국말이 익숙해졌어요. 한국 친구도 많아졌어요. 운동도 많이 해서 건강해졌어요. 하지만 아직 한국 음식에는 익숙해지지 못했어요.
Living in Korea was difficult at first but now I am having a good time. I am used to the Korean language because I studied hard. I've also made a lot of friends. I have also become healthier since I exercise a lot. However, I am still not used to Korean food.

3~4.

노라: 타오 씨, 요즘 어떻게 지내세요?
Nora: Tao, how are you these days?
타오: 저는 즐겁게 지내요. 노라 씨는요?
Tao: I'm enjoying life. How about you, Nora?
노라: 저는 지난주부터 중국어 공부를 시작했는데 좀 힘들어요.
Nora: I started studying Chinese from last week and it's a bit hard.
타오: 곧 익숙해질 거예요.
Tao: You'll soon get used to it.

5~7.

주앙: 모두 연휴를 즐겁게 보냈어요? 에릭 씨, 연휴에 뭐 했어요?
Juang: Have you all enjoyed your holidays? Eric, what did you do during the break?
에릭: 날마다 회사에서 일했어요. 바쁘게 보냈어요. 올리비아 씨는요?
Eric: I went to work every day. I was busy. How about you, Olivia?
올리비아: 저는 재미없게 지냈어요. 집에서 한국어 공부만 했어요. 주앙 씨는 어떻게 지냈어요?
Olivia: I didn't have a fun time at all. All I did was study Korean at home. How about you, Juang? How did you spend the time?
주앙: 저는 바다를 보러 부산에 다녀왔어요.
Juang: I went down to Busan to see the ocean.
에릭: 부산요? 부산은 어땠어요? 저도 부산에 가고 싶었는데….
Eric: Busan? How was it? I wanted to go to Busan, too.
주앙: 경치가 아름다웠어요, 맛있는 음식도 많았고요. 여행을 하니까 기분도 건강도 좋아졌어요.
Juang: The scenery was beautiful and there was a lot of good food. My mood and health has improved because of the traveling.
올리비아: 다음에는 우리 셋이 같이 가요.
Olivia: Next time, let's go together, the three of us.

• Let's read

Dear Ms. Suji Choi,
How are you? This is Huang. It has been a long time. How have you been since then? Are you still quite busy with life?
I am having a good time at my hometown. I enjoyed delicious hometown food with my family and also did some traveling with my friends.
The weather in Korea has gotten much colder, hasn't it? I have to return to Korea next month but I'm worried about the weather. I am also worried about speaking Korean. I didn't study while on vacation at my hometown so I forgot a lot.
Nevertheless, I feel happy when I think about going back to Korea. I want to meet you and my friends and enjoy studying Korean again.
2019.12.10

<2> Introductions

Lesson objective: to understand introductions about jobs and majors.

Vocabulary

의학 medical science
경제학 economics
국어 국문학 Korean language and literature
천문 우주학 astronomy
돕다 to help
별 star
고등학교 senior high school
졸업하다 to graduate
신문 방송학 journalism and mass communication
전공 major
컴퓨터 공학 computer engineering
교수 professor
경영학 business adminstration
멋있다 to be fashionable or cool
소개 introduction
자기소개서 personal statement
필요하다 to need
및 and
학습 learning or study
아시아 Asia
관심 interest
생기다 to come into being
자세히 in detail
유학 study abroad
입학하다 to enter a school
이해하다 to understand

• Let's listen

1.

(1) 방송국에 들어가려고 신문 방송학을 전공해요.
I am majoring in journalism and mass communication so I can enter into a broadcasting station.

(2) 컴퓨터 공학을 공부하려고 한국에 왔습니다.
I came to Korea to study computer engineering.

(3) 저는 대학교에 가려고 한국말을 배워요.
I am learning Korean so I can go to college.

(4) 한국어 교수가 되려고 국어국문학을 공부합니다.
I am majoring in Korean language and literature to become a Korean language professor.

2.

저는 5년 전에 한국 드라마를 보고 한국어 공부를 시작했어요. 한국어를 공부한 지 4년쯤 됐어요. 그리고 작년에 고등학교를 졸업하고 한국에 왔어요. 한국에 온 지는 네 달 됐어요.

I started studying Korean after watching a Korean drama five years ago. It has been about four years since I've been studying Korean. I came to Korea after I graduated from high school last year. It's been four months since I came to Korea.

3~4.

하늘: 존 씨는 왜 경영학을 공부해요?

Haneul: John, why are you studying business administration?

존: 저는 무역 회사를 경영하려고 경영학을 공부해요. 하늘 씨는요?

John: I am studying business administration so I can manage a trading company. What about you, Haneul?

하늘: 저는 잡지사 기자가 되려고 국어 국문학을 공부해요.

Hanuel: I am studying Korean language and literature so I can become a magazine reporter.

존: 멋있군요. 하늘 씨는 좋은 기자가 될 거예요.

John: That's so cool. You'll be a great reporter.

5~7.

소개하는 사람: 두 사람이 친구가 되면 좋을 것 같아서 소개하는 거예요. 알렉스 씨, 먼저 소개 좀 해 주시겠어요?

Introducer: I am introducing you to each other because I thought you could be friends. Alex, can you introduce yourself first?

남자: 안녕하세요? 저는 미국에서 온 알렉스입니다. 미국에서는 방송국에서 일했는데요 지금은 한국어를 공부하려고 한국어 학당에 다녀요. 한국어를 공부한 지 여섯 달 됐어요. 대학교에서는 신문 방송학을 전공했고요.

Man: Hello. I am Alex from America. I used to work in a broadcasting station in America but now I am attending the Korean Language Institute to study Korean. It has been six months since I've been studying Korean. I majored in journalism and mass communication in college.

여자: 만나서 반가워요. 저는 김미선이에요. 무역 회사에서 일하고 있어요. 대학교에서는 경영학을 전공했고요. 제가 무역 회사에서 일해서 회사 일로 가끔 미국에 가요. 영어가 많이 필요한데 알렉스 씨께서 도와주시면 좋겠어요.

Woman: It's nice to meet you. I'm Misun Kim. I work at a trading company. I majored in business administration in college. Since I work at a trading company, I sometimes go to America for work. I really need to practice my English and it would be nice if you could help me.

• Let's read

Personal Statement

[Major & Study Plans]
I majored in Asian Studies at the Berlin University in Germany. After meeting Korean and Chinese friends in senior high school, I became interested in Asian culture so I studied Asian Studies. Then after taking a course on Korean culture in college, I wanted to learn about it in even more detail. That is why I diligently read books on Korean culture and looked for Korean movies and TV programs to watch on my own.
In order to understand Korean culture well, you need to know the Korean language. That is why I came to Korea to study Korean after I graduated from college. It has been about one year since I came to Korea to study Korean.
Now I would like to study the Korean culture a

little more closely so I am planning on majoring in Korean Studies in graduate school. There are still many people in Germany who do not know much about Korean culture. If I enter this school, I want to diligently study the Korean culture and understand more about Korea. Then I will introduce this great culture of Korea in Germany.

Unit 2

<1> My Friends

Lesson objective: to understand descriptions and introductions about friends

Vocabulary

잘생기다 to be good-looking
날씬하다 to be slim　　똑똑하다 to be smart
목소리가 좋다 to have a good voice
아나운서 newscaster
착하다 to be good-natured or nice
귀엽다 to be cute　　뚱뚱하다 to be fat
어리다 to be young　　안경을 끼다 to wear glasses
성격이 좋다 to have a good personality
교육학 educational studies
경주 Gyeongju
지루하다 to be boring or tedious
성격이 밝다 to have a bright personality

- **Let's listen**

1.

(1) 이거 제 초등학교 때 사진이에요.
This is a picture of me when I was in elementary school.

(2) 제 친구는 한국 사람인데 미국에서 10년 살았어요.
My friend is Korean but lived in America for ten years.

(3) 제 동생 사진이에요. 항상 엄마 일을 많이 도와 드려요.
This is a picture of my younger sister. She is always helping my mom with her work.

(4) 우리 집 강아지예요. 우리 강아지는 많이 먹는데 운동을 안 해요.
This is my family's dog. My dog eats so much but doesn't exercise.

2.

(1) 저는 오전에는 한국어를 배우고 오후에는 아르바이트를 해요.
I learn Korean in the morning and in the afternoon I work part-time.

(2) 제 친구는 성격이 좋고 재미있어요.
My friend has a good personality and is fun.

(3) 저는 어제 잠을 못 잤어요.
I couldn't sleep last night.

(4) 지난 주말에 오랜만에 고등학교 친구를 만났어요.
I met a high school friend last weekend after a long while of not seeing him.

3~4.

에릭: 리타오 씨, 잘 지냈어요? 옆에 있는 분은 누구예요?
Eric: How are you, Letao? Who is the person next to you?

리타오: 제 고향 친구예요. 지금 대학원에서 교육학을 공부하고 있어요. 아주 똑똑하고 성격도 좋아요. 키도 크고 예쁘지요?
Letao: That is my friend from my hometown. She is studying educational studies in graduate school. She is really smart and has a great personality, too. She's also tall and pretty, don't you think?

왕샤오링: 저는 왕샤오링이에요. 리타오한테서 이야기를 많이 들었어요. 회사에서 일도 하고 공부도 해서 많이 바쁘시겠어요.
Wangshaoling: I'm Wangshaoling. I heard a lot about you from Letao. You must be very busy working in a company and studying.

에릭: 조금 바쁘지만 한국어 공부가 재미있어요. 시간이 있으면 리타오 씨하고 우리 회사 근처로 저녁 먹으러 오세요.
Eric: I am a bit busy but studying Korean is fun. Please come over with Letao to have dinner near my workplace when you have time.

5~7.

유키: 흐엉 씨, 이 사진은 지난달에 친구들과 경주에 여행 가서 찍은 사진이에요.
Yuki: Huang, this is a picture I took with my friends when we traveled to Gyeongju last month.

흐엉: 유키 씨 옆에 있는 사람이 누구예요? 눈이 크고 귀엽네요.
Huang: Who is this person next to you, Yuki? Her eyes are big and cute.

유키: 어학당 친구가 소개해 준 한국 친구 미선 씨예요. 연세 대학교 학생인데 친절하고 성격이 아주 밝아요.
Yuki: That is my Korean friend Misun who was introduced to me by my friend from the Language Institute. She is a student of Yonsei University. She's very nice and has a bright personality.

흐엉: 그런데 여기 키가 크고 머리가 짧은 남자는 누구예요?
Huang: Who is this tall man with the short hair?

유키: 이번에 처음 만났는데 미선 씨의 대학교 친구 영수 씨예요. 경주 사람이어서 우리에게 경주를 소개해줬어요. 아주 재미있는 친구예요.
Yuki: I met him for the first time during this trip. His name is Youngsu and he is Misun's college friend. Since he is a person from Gyeongju, he introduced the city to us. He is a really fun person.

흐엉: 한국 친구가 많아서 좋겠어요. 저도 한국 친구가 있으면 좋겠어요.
Huang: It must be nice to have so many Korean friends. I wish I had Korean friends, too.

유키: 흐엉 씨, 다음에 제 친구들과 같이 만나는 게 어때요? 같이 한국 음식도 먹고 한국어로 이야기도 해요.
Yuki: Huang, what do you think about meeting with my friends next time? We can eat Korean food together and speak in Korean.

- **Let's read**

I am looking for a friend..

I am Maria from Russia. I came to Korea three months ago. I learn Korean at the Korean Language Institute in the morning but I don't have much to do in the afternoon after class. There are days I study in the library and some days I take walks at the park. I spend a lot of time by myself and study by myself because I don't have any friends so there are times when I feel bored. That is why I am looking for a friend I can meet and study with after class and have fun together.
I have a bright personality and I like to talk. I studied in Japan last year and this year, I came to study abroad in Korea. I love Korean music so I listen to it every day and occasionally go to the Noraebang. I hope your hobbies will be like mine and we can go to the Noraebang together. Please contact me if you want to study together and be friends.
- So you studied in Japan. You must good in Japanese, too.
- So you like Korean music. I like going to the Noraebang, too, so I'll give you a call.
- I feel bored these days because I don't have any friends, too. I think it will be fun to study and play together.

<2> Meeting with family and relatives

to understand introductions of family and relatives and family gatherings

Vocabulary

조카 nephew or niece
외숙모 aunt (wife of one's mother's brother)
이모부 uncle (husband of one's mother's sister)
큰어머니 aunt (wife of one's father's older brother)
삼촌 uncle (brother of one's father)
외할머니 grandmother on the mother's side
외삼촌 uncle (brother of one's mother)
이모 aunt (sister of one's mother)
외할아버지 grandfather on the mother's side
생신 birthday in honorific form
큰아버지 uncle (older brother of one's father)
친척 relative
돌잔치 baby's first year birthday party
장난감 toy
태어나다 to be born
대전 Daejeon
고모부 uncle (husband of one's father's sister)
작은어머니 aunt (wife of one's father's younger brother)

- **Let's listen**

1.

(1) 우리 삼촌은 은행원입니다.
My uncle is a bank clerk.

(2) 우리 외할머니는 부산 사람입니다.
My grandmother is from Busan.

(3) 내일 오전에는 맑고 오후에는 조금 흐리겠습니다.
There will be clear skies tomorrow morning and then cloudy in the afternoon.

(4) 오늘 우리 식당에서 점심은 비빔밥, 저녁은 불고기를 준비하겠습니다.
At our restaurant today, we will be preparing bibimbap for lunch and bulgogi for dinner.

2.

(1) 우리 이모부는 운동을 할 때 음악을 들어요.
My uncle listens to music while he exercises.

(2) 우리 외삼촌은 밥을 먹을 때 텔레비전을 봐요.
My uncle watches television while he eats.

(3) 우리 이모는 커피를 마실 때 우유를 넣어요.
My aunt adds milk when she drinks coffee.

(4) 우리 외할아버지는 신문을 읽을 때 안경을 쓰세요.
My grandfather wears glasses when he reads the newspaper.

3~4.

존: 윤아 씨, 예쁜 꽃다발이네요. 어디에 가세요?
John: Yuna, that's a beautiful bouquet of flowers. Where are you going?

윤아: 오늘 할머니 생신이어서 가는 길이에요. 할머니께서 꽃을 아주 좋아하셔서 생신 때 마다 장미꽃을 사요.
Yuna: It's my grandmother's birthday today so I'm on my way to see her. My grandmother loves flowers very much so I always buy her roses on her birthday.

존: 할머니께서 좋아하시겠어요. 그런데 혼자 가세요?
John: Your grandmother must really like that. But are you going by yourself?

윤아: 부모님은 나중에 오시고, 큰아버지와 큰어머니는 할머니 댁에 오셨을 거예요.
Yuna: My parents will come later and my uncle and aunt have most likely already arrived.

5~7.

에릭: 우진 씨, 주말에 뭐 하셨어요?
Eric: Woojin, what did you do over the weekend?

우진: 조카의 돌잔치에 다녀왔어요. 오랜만에 가족들과 친척들을 만나서 반가웠어요. 그런데 잘 쉬지 못해서 조금 피곤하네요.

Woojin: I went to my nephew's first year birthday party. It was so nice to see my family and relatives after such a long time. But I'm a little tired because I didn't get much rest.

에릭: 돌잔치가 뭐예요? 처음 들었어요.

Eric: What is that first year birthday party? It's my first time hearing about it.

우진: 아이의 첫 번째 생일에 가까운 사람들이 모여서 축하해주는 파티예요. 돌잔치에 갈 때 선물이나 돈을 준비해요. 아이에게 좋은 이야기를 해 주면서 즐겁게 파티를 해요. 맛있는 음식도 먹고요.

Woojin: It's a party for a baby's first birthday where people who are close to the family come to celebrate. When you attend one of these parties, you prepare a gift or money. The guests enjoy the party as they say nice things to the child. They also eat delicious food.

에릭: 아, 그렇군요. 우진 씨는 무슨 선물을 샀어요?

Eric: I see. What kind of gift did you buy, Woojin?

우진: 저는 조카가 운동선수가 되면 좋을 것 같아서 장난감 야구공을 샀어요.

Woojin: I thought it would be great if my nephew grew up to become an athlete so I bought him a baseball toy.

• **Let's read**

I was born in Korea but because I lived in Brazil since I was two years old, I cannot speak Korean very well. My father usually spoke to me in Korean so my listening was alright but speaking was difficult. It's been three months since I came to Korea and now I feel a little more used to speaking in Korean.
Last weekend, there was my aunt's wedding from my father's side. My uncle's hometown is in Daejeon so the wedding was held there. My grandfather, grandmother, and many relatives came to the wedding and I spoke to them in Korean. When there was something I didn't know, my aunt, the wife of my father's younger brother, helped me on the side. Although it was a bit difficult, it felt good to be able to speak to my relatives in Korean. This was the first wedding I've seen in Korea. It was different from weddings in Brazil but very fun.

Unit 1 - Unit 2 Review

Unit 1 – Unit 2 Vocabulary

점점 gradually

부탁하다 to request or ask

연락처 contact information

I. Listen to the dialogue and answer.

리타오: 존 씨, 오랜만이에요. 잘 지냈어요?

Letao: John, long time no see. Have you been well?

존: 네, 잘 지냈어요. 리타오 씨는 그동안 어떻게 지냈어요?

John: Yes, I've been doing well. How have you been, Letao?

리타오: 전 좀 바쁘게 지냈어요. 한국 대학교에 들어가려고 준비를 하고 있어서요.

Letao: I have been a bit busy. It's because I've been preparing to go to a Korean university.

존: 그래요? 정말 바빴겠네요.

John: Really? You must have been really busy.

리타오: 네, 그런데 존 씨, 제가 신문방송학을 공부하려고 하는데 저를 도와줄 수 있는 친구가 있어요?

Letao: Yes, but John, I'm trying to study journalism and mass communication but do you have any friends who can help me?

존: 제 친구 윤아의 동생이 신문방송학을 전공하고 있어요. 성격이 밝고 착해서 잘 도와줄 거예요.

John: My friend Yuna's little sister is majoring in journalism and mass communication. She has a bright personality and she'll help you well because she is so nice.

리타오: 그래요? 잘 됐네요. 준비가 점점 어려워져서 힘들었는데 고마워요.

Letao: Really? That's great. I was having a hard time because the preparations were becoming more and more difficult. Thank you.

존: 아니에요. 다음에 윤아를 만날 때 부탁하겠어요.

John: No problem. I'll ask Yuna the next time I see her.

II. Read the following and answer the questions.

From yihana@hankuk.ac.kr
To fighting_litao@yonsei.ac.kr
Subject Hello.

Hello, Letao. I am emailing you after getting introduced by John. My name is Hannah Lee. I am a student majoring in journalism and mass communication in college. It has been about two years since I've studied journalism and mass communication. At first, I considered this major a difficult one. But now, it is becoming more and more fun. That is why I plan on working at a broadcasting station after graduation.
Letao, is it true you want to major in journalism and mass communication in college, too? It must be difficult to prepare on your own. If you have any questions during your preparations, just give me a call. I'll do my best to help you. My contact information is 010-2123-3464. I'll be waiting for your call.

Hannah Lee

Korean Culture: Titles

In Korea, we use titles normally used for family members and relatives to also call other people who are not related to us. For example, for males, many people call an older person who is close to them "형" (older brother to a male) or "누나" (older sister to a male). Sometimes, people call their friend's mother "어머니" (mother) as well. You can also oftentimes hear people call the server at restaurants "이모" (aunt). If you call people who are not your family members as if they were, it helps you become closer in relationship.

Unit 3

<1> The Hometown of my Friend

Lesson objective: to understand the description of the location and environment of a hometown.

Vocabulary

빌딩 building	해산물 seafood
섬 island	도시 city
시골 countryside	북쪽 the north
유명하다 to be famous	관광지 tourist destination
위치 position	하노이 Hanoi
호찌민 Ho Chi Minh	남쪽 the south
노르웨이 Norway	네덜란드 Netherlands
오슬로 Oslo	속초 Sokcho
동쪽 the east	동해 East Sea
구경거리 tourist attraction	
케이블카 cable car	푸르다 to be blue

- **Let's listen**

1.

(1) 3년 만에 할머니가 살고 계신 섬에 갔습니다.
I went to the island where my grandmother lives after three years of not visiting.

(2) 세 달 만에 시골에 가서 부모님을 만났습니다.
I went to the countryside after three months of going and met my parents.

(3) 일주일 만에 고향에 전화했습니다
I made a call to my hometown after a week of not calling.

(4) 10년 만에 초등학교 때 친구를 만났습니다.
I met a friend from elementary school after not seeing him for ten years.

2.

(1) 가: 한국에 와서 닭갈비를 먹어 봤어요?
A: Have you tried dak-galbi(chicken ribs) since you came to Korea?
나: 네, 그런데 좀 매웠어요.
B: Yes, but it was a bit spicy.

(2) 가: 고향에서 스키를 타 봤어요?
A: Have you tried skiing in your hometown?
나: 아니요, 우리나라에는 스키장이 없어요. 하지만 한국에서 스케이트는 타 봤어요.
B: No, I didn't. We don't have a ski slope in my country but I have gone skating in Korea.

(3) 가: 제주도에 가 봤어요?
A: Have you ever been to Jeju Island?
나: 네, 제주도에 가 봤어요. 다음에는 부산에 가 보고 싶어요.
B: Yes, I have been to Jeju Island. Next time, I want to try visiting Busan.

(4) 가: 윤아 씨 동생을 만나 봤어요?
A: Have you met Yuna's little brother?
나:아니요, 하지만 윤아 씨의 고향에 가서 윤아 씨 부모님께 인사를 드렸어요.
B: No, but I said hello to Yuna's parents when I went to her hometown.

3~4.

레오: 리타오 씨, 고향이 어디예요?
Leo: Letao, where is your hometown?
리타오: 제 고향은 중국 베이징이에요. 레오 씨는 베이징에 가 봤어요?
Letao: My hometown is Beijing, China. Have you been to Beijing, Leo?
레오: 아직 못 가 봤어요. 베이징은 어디에 있어요?
Leo: I have never been there yet. Where is Beijing?
리타오: 베이징은 중국의 북쪽에 있는 도시예요. 유명한 관광지가 많아서 구경하러 오는 사람들이 많아요. 레오 씨도 한번 놀러 오세요.
Letao: Beijing is a city in the north of China. There are many famous tourist destination so many people come for sightseeing. Leo, please come and visit once.

5~7.

흐엉: 노라 씨, 오랜만이에요.
Huang: Nora, long time no see.
노라: 네, 흐엉 씨, 그동안 잘 지냈어요?
Nora: Yes, Huang. Have you been doing well?
흐엉: 네, 저는 방학에 고향에 다녀왔어요. 삼개월 만에 갔는데 가족들을 만나서 정말 좋았어요. 고향 음식도 많이 먹었고요.
Huang: Yes, I have. I went to my hometown during the vacation and came back. It has been three months since I was there, and it was so good to meet my family. I also ate a lot of my hometown food.
노라: 흐엉 씨 고향은 베트남 어디예요?
Nora: Huang, where in Vietnam is your hometown?
흐엉: 제 고향은 호찌민인데 베트남의 남쪽에 있어요. 경치가 아주 아름다운 도시예요. 노라 씨는 고향이 어디예요?
Huang: My hometown is Ho Chi Minh and it is in the south of Vietnam. It's a city with beautiful

scenery. Where is your hometown, Nora?

노라: 제 고향은 노르웨이의 오슬로예요. 들어 봤어요?

Nora: My hometown is Oslo, Norway. Have you ever heard of it?

흐엉: 그럼요, 전에 텔레비전에서 봤을 때 바다가 정말 아름다웠어요.

Huang: Of course. When I saw it on television, the ocean was beautiful.

• **Let's read**

Last weekend I went to visit Sokcho to meet Youngsu after a long time of not seeing him. Sokcho is Youngsu's hometown. Once again, Youngsu did such a great job in guiding me around to different places so I really enjoyed the traveling. I will now introduce you to the places I visited in Sokcho.
If you take a bus from Seoul and go south for about two hours, you will reach Sokcho. The Seoraksan and East Sea are in Seokcho so there are many things to see and do. If you go to Seoraksan, you can go hiking or go up the mountain by cable car.
The East Sea seen from Sokcho is truly blue and clean. In the summer, you can have a good time at the beach. Near the sea is also a large lake so you can take a walk there or rent a bicycle and go bicycling. There are also many pretty coffee shops in the area. If you drink your coffee while viewing the beautiful scenery, you begin to feel so happy. There are also a lot of delicious foods in Sokcho so you must visit if you have never been there before.

<2> My beautiful hometown

Lesson objective: to understand descriptions of the natural environment and the way of life of a hometown

Vocabulary

그립다 to miss or long for　　행복하다 to be happy
부럽다 to be envious　　외롭다 to be lonely
이렇게 like this　　특별하다 to be special
신선하다 to be fresh　　풍경 scenery
해운대 Haeundae　　하와이 Hawaii
캘리포니아 California　　서쪽 the west
호놀룰루 Honolulu　　세계 world
물론 of course or undoubtedly
와이키키 해변 Waikiki beach
냄새 smell or odor　　서핑 surfing

• **Let's listen**

1.

(1) 내일은 바닷가에 가기 때문에 기분이 좋아요.
I feel good because I am going to the beach tomorrow.

(2) 서울에 산이 많기 때문에 등산을 자주 할 수 있어요.
I can go hiking often because there are many mountains in Seoul.

(3) 오늘부터 방학이기 때문에 고향에 가요.
I am going to my hometown because the vacation starts today.

(4) 고향에서는 일이 많았기 때문에 항상 피곤했어요.
Because there was always so much work to do in my hometown, I was always tired.

2.

오늘 친구가 고향을 소개해 주었습니다. 서울은 큰 도시인데 친구의 고향은 작은 도시입니다. 서울 공기는 좋지 않은데 친구의 고향은 공기가 깨끗합니다. 서울에는 산이 있는데 친구의 고향에는 바다가 있습니다. 서울 사람들은 바쁘게 사는데 친구의 고향 사람들은 한가하게 지냅니다. 친구의 고향은 살기 좋을 것 같습니다. 친구가 정말 부럽습니다.

Our friend introduced his hometown today. Seoul is a large city but our friend's hometown is a small one. The air in Seoul is not good but the air in our friend's hometown is clean. There are mountains in Seoul but there is a sea in our friend's hometown. The people in Seoul live busy lives while the people in our friend's hometown have a lot of free time. I feel it would be nice to live in our friend's hometown. I am envious of our friend.

3~4

노라: 제니 씨, 한국에 온 지 얼마나 됐어요?

Nora: Jenny, how long has it been since you came to Korea?

제니: 1년쯤 됐어요. 고향을 떠난 지 오래 돼서 그리울 때도 있지만 가족들과 자주 전화해서 많이 힘들지 않아요.

Jenny: It has been about a year. Since it's been so long since I left my hometown, there are times when I really miss it. But since I call my family often, it's not that difficult.

노라: 그런데 제니 씨는 고향에 있을 때도 이렇게 열심히 공부했어요?

Nora: Jenny, were you this diligent in your studies when you lived in your hometown, too?

제니: 아니요. 요즘은 한국어가 어려워서 공부하는 시간이 많은데 고향에서는 친구들과 많이 놀았어요. 우리 고향에는 예쁜 공원이 많기 때문에 산책도 자주 했고요.

Jenny: No, I wasn't. I spend a lot of time studying because the Korean language is difficult these days but when I was in my hometown, I played a lot with my friends. Because there were many beautiful parks in my hometown, I would oftentimes take walks as well.

5~7

유키: 정희 씨, 점심 정말 맛있게 먹었어요. 서울에서 먹은 해산물보다 더 신선한 것 같아요. 이제 어디로 가요?

Yuki: Junghee, the lunch was very delicious. I think the seafood was much fresher than what I tried in Seoul.

정희: 유키 씨가 제 고향에 온 특별한 날이니까 좋은 곳으로 안내하겠어요. 경치가 정말 아름다운 곳이에요. 오늘은 맑으니까 일본까지 볼 수 있을 것 같아요.

Junghee: Yuki, because your visit to my hometown is a special day, I will take you to a nice place. It's a place with beautiful scenery. Since it's a clear day today, I think you will be able to see all the way to Japan.

유키: 그래요? 빨리 가서 보고 싶어요. 우리 가서 사진도 많이 찍어요. 정희 씨는 사진 찍는 걸 좋아해요?

Yuki: Really? I want to hurry and go see it. Let's go and take a lot of pictures. Do you like to take pictures, Junghee?

정희: 보통 때는 많이 안 찍는데 여행을 가서는 아름다운 풍경이나 맛있는 음식 사진을 많이 찍어요.

Junghee: I don't take many pictures on normal days but when I am on a trip, I take many pictures of the beautiful scenery or delicious food.

유키: 어, 저기 바닷가네요. 사람들이 많군요.

Yuki: Oh, that's the beach. There are many people.

정희: 저기는 해운대예요. 바닷물도 깨끗하고 근처에 구경거리도 많기 때문에 사람들이 많이 와요.

Junghee: That is Haeundae. Many people come here because the ocean water is clean and there are so many interesting things to see around there.

- **Let's read**

My hometown is Hawaii of the United States of America. Hawaii is an island to the west of California and east of Japan. It's a place where the ocean is beautiful and there are many interesting things to see. My home is in Honolulu, Hawaii. Many people from different countries live in Honolulu so you can come into contact with the cultures of the world and eat food from different nations. And of course, there are delicious Korean restaurants as well.

It is very crowded at the famous tourist attraction of Waikiki Beach in Honolulu because of all the people visiting from foreign countries. You can also see many people coming for their honeymoon. This is because there are many things to see and it's convenient to go shopping. Many people buy coffee and chocolates. The scent of Hawaiian coffee is very nice, and the taste is special.

When I was living in my hometown, I spent a lot of time in the ocean. I went swimming and surfing with my friends. I was a little afraid of surfing at first, but now it has become much easier because I practiced a lot. I feel really happy when I go surfing with my friends in the cool ocean.

Unit 4

<1> House-Moving

Lesson objective: to understand the content of preparing for a move and looking for a new house

Vocabulary

이사하다 to move
이삿짐센터 moving company
짐 goods or luggage　　싸다 to pack
계약하다 to make a contract
불편하다 to be inconvenient or uncomfortable
별로 not much　　하숙집 boardinghouse
트럭 truck　　싣다 to load up
에어컨 air conditioner　　원룸 studio apartment
잊다 to forget
알아보다 to search or look into
마음에 들다 to like
관리비 management expenses or utilities
어둡다 to be dark　　밝다 to be bright
중요하다 to be important

- **Let's listen**

1.

(1) 저는 어제 이사를 해서 오늘 좀 피곤합니다.
I am a bit tired today because I moved yesterday.

(2) 혼자 사는 것이 심심하고 재미없습니다.
It's boring and not any fun at all to live alone.

(3) 저는 하숙집에 사는데 불편한 게 너무 많습니다.
I live in a boardinghouse and there are so many inconvenient things.

(4) 큰 집으로 이사하고 싶은데 돈이 별로 없습니다.
I want to move into a big house, but I don't have that much money.

2.

(1) 제가 사는 하숙집의 방이 너무 작아서 큰 방으로 이사했으면 좋겠어요.
The room in the boardinghouse where I am living in is so small that I wish I could move into a bigger room.

(2) 이삿짐 트럭에 이삿짐을 실어서 보냈어요. 새 집에 잘 도착했으면 좋겠습니다.
I loaded my luggage onto the moving truck and sent it. I hope it arrives safely at the new house.

(3) 방이 너무 더워서 방에 에어컨이 있었으면 좋겠어요.
The room is so hot that I wish there was an air conditioner.

(4) 학교와 집이 너무 멀어서 힘들어요. 좀 가까웠으면 좋겠어요.
It's hard because my school is so far from my house. I wish it was closer.

3~4.

흐엉: 리타오 씨, 이사 준비가 힘들지요? 짐은 다 쌌어요?

Huang: Letao, it's difficult getting ready to move, isn't it? Have you finished packing?

리타오: 아니요. 제 생각보다 시간이 많이 걸리네요. 모레가 이사하는 날인데 짐을 아직 다 못 싸서 걱정이에요.

Letao: No. It's taking a lot longer than I thought. The day after tomorrow is the day of the move and I'm worried because I still haven't finished packing.

흐엉: 그럼 빨리 짐을 싸야겠네요. 제가 좀 도와드릴까요?

Huang: Then you'd better hurry and pack your things. Should I help you?

리타오: 진짜요? 정말 고마워요. 이사 준비가 너무 힘들어서 빨리 이사가 끝났으면 좋겠어요.

Letao: Really? Thanks so much. Getting ready to move is so hard that I wish I could finish the move quickly.

5~7

유키: 주앙 씨, 무슨 일이 있어요? 바쁜 일이 있는 것 같아요.

Yuki: Juang, is there something going on? It looks like you're busy with something.

주앙: 제가 다음 주 금요일에 이사를 가요. 요즘 이사 준비 때문에 좀 바빠요.

Juang: I am moving next Friday. I am a bit busy these days because I'm preparing for the move.

유키: 왜요? 지금 사는 원룸에 문제가 있어요?

Yuki: Why are you moving? Is there a problem with the studio you're living in now?

주앙: 아니요. 지금 사는 집이 계약이 끝나서 학교 근처에 있는 아파트로 이사를 가요.

Juang: No. The contract of the house I'm living in now is up, so I am moving to an apartment near school.

유키: 아! 그럼 이삿짐센터를 예약했어요?

Yuki: I see. Then did you make an appointment with the moving company?

주앙: 아니요. 잊고 있었어요. 빨리 이삿짐센터를 찾아봐야겠어요.

Juang: No, I forgot. I think I need to hurry and find a moving company.

유키: 네. 좋은 곳을 찾았으면 좋겠네요.

Yuki: Yes. I hope you can find a good one.

• **Let's read**

I am living in the dorms at the Yonsei University right now.
Since the dorms are at the Yonsei University, it's very convenient when I go to the Korean Language Institute. It is a bit uncomfortable because two people use one room in the dorms. I am looking for a house to move into because I want to live comfortably on my own.
My classmate introduced me to the boardinghouse where he is living in and so I went to see it. The boardinghouse owner was kind and the room was clean but I didn't like it because it was smaller than I expected and it was also a bit dark.
That's why I went to a real estate agency to check up on a better house. The real estate agent showed me a studio apartment. That place was bigger and brighter than the boardinghouse. There was even a small bathroom in the studio. However, the utilities were a little expensive. I wish the utilities were a bit cheaper. If I live in this studio, I think my life will become more comfortable in the future. I think I will go to the real estate office tomorrow and make a contract for that studio. I hope a lot of good things will happen at the new house.

<2> The House Where I Live In

Lesson objective: to understand introductions of house chores and the house in which you live

Vocabulary

거실 living room
부엌 kitchen
현관 entrance
사용하다 to use
베란다 veranda
정리하다 to arrange or organize
나중에 later
새로 newly
편리하다 to be convenient
동네 neighborhood
미용실 hair salon
찜질방 jjimjilbang (Korean dry sauna)
세탁소 laundry or dry cleaner's
건물 building
룸메이트 roommate

• **Let's listen**

1.

가: 이 물건은 집 안에 있나요?

A: Is this item in the house?

나: 네. 집 안에 있어요.

B: Yes, it is in the house.

가: 이걸 날마다 사용하나요?

A: Do you use this every day?

나: 아니요. 가끔 사용해요.

B: No, I only use it occasionally.

가: 이 물건은 거실에서 쓰나요?

A: Do you use this item in the living room?

나: 아니요. 보통 거실에는 없는 물건이에요.

B: No, it is an item not usually in the living room.

가: 언제 필요한가요?

A: When do you need it?

나: 빨래할 때 필요해요.

B: I need it when I do the laundry.

2.

(1) 가: 짐 정리는 끝났어요?
나: 아니요, 아직 정리하는 중이에요.
A: Are you done with organizing your things?
B: No, I'm still in the middle of it.

(2) 가: 여보세요?
나: 지금 청소하는 중이니까 제가 나중에 전화하겠습니다.
A: Hello?
B: I'm in the middle of cleaning now so I'll call you back later.

(3) 가: 민수 씨 이것 좀 확인해 주세요.
나: 제가 지금 꽃에 물을 주는 중이니까 잠깐만 기다려 주세요.
A: Minsu, please confirm this for me.
B: I am in the middle of watering the flowers right now so please wait a little.

(4) 가: 지금 다른 전화를 받는 중이니까 조금 이따가 전화하겠습니다.
나: 네. 알겠습니다.
A: I am answering another call right now so I'll call back a little later.
B: Yes, I understand.

3~4.

노라: 여보세요? 유키 씨, 이사는 잘 끝났나요?
Nora: Hello? Yuki, did you finish moving well?

유키: 네. 노라 씨! 지금 짐을 다 정리하고 청소를 하는 중인데 생각보다 오래 걸리네요.
Yuki: Yes, Nora! I finished organizing all my things and I'm in the middle of cleaning. It's taking me longer than I thought.

노라: 새로 이사한 집은 어떤가요?
Nora: How do you like the new house you moved into?

유키: 원룸 안에 필요한 게 다 있어서 아주 편리해요. 밖에 경치도 좋고요.
Yuki: Everything that I need is in this studio apartment so it's very convenient. The scenery outside is nice, too.

5~7.

존: 올리비아 씨! 어디에 가요?
John: Olivia! Where are you going?

올리비아: 아! 존 씨, 저는 지금 마트에 가는 중이에요.
Olivia: Oh, John! I'm on my way to the market right now.

존: 이 근처에도 마트가 있나요?
John: Is there a market in this area, too?

올리비아: 가까운 곳에는 없고, 좀 걸어서 옆 동네까지 가야 해요.
Olivia: There isn't one nearby. You have to walk a little to the next neighborhood.

존: 아. 그렇군요. 이사 온 지 얼마 안 돼서 이 동네를 잘 몰라요. 올리비아 씨는 이 동네에서 산 지 얼마나 됐어요?
John: Oh, I see. It hasn't been that long since I moved to this neighborhood, so I don't know much about this area. How long has it been since you lived here, Olivia?

올리비아: 저는 이 동네에서 산 지 1년 쯤 됐어요. 이 동네에는 공원하고 미용실 그리고 찜질방이 가깝게 있어서 편해요.
Olivia: It has been about one year since I've lived in this neighborhood. It's convenient because we have places like the park, hair salon, and jjimjilbang in the area.

존: 혹시 이 근처에 세탁소도 있나요? 겨울옷을 세탁해야 해서요.
John: Do you know if there is a laundry nearby? I must get my winter clothes cleaned.

올리비아: 그럼요. 저기 보이는 미용실 건물 2층에 세탁소가 하나 있어요.
Olivia: Of course. There is a laundry on the second floor of that hair salon building you see over there.

• **Let's read**

I want to meet soon!

Are you having a hard time because you cannot cook at the dormitory? Is the food made by the boardinghouse lady not so tasty? Then how about making some delicious food in a studio apartment with a roommate who cooks well?
Hello. I am Yuki from Japan. I am looking for a roommate to live with in a studio apartment. I am searching for a roommate to spend time with because living alone in a studio is boring and uninteresting.
My studio apartment is nearby the school, so it takes five minutes to walk to school. There is a laundry and hair salon near the studio, so it is convenient to use them. The room is large, and the bathroom is clean. It's very convenient because there is an air conditioner and washing machine inside the studio. There is also a small kitchen, so you can easily cook food.
I am good at cooking and like to cook so it's okay if you don't know how to cook. But because I am not that good at cleaning, it would be nice to have a roommate who is good at cleaning. If you would like to eat good food and do fun things together with me, send me an email message.
Email: kliyuki@yonsei.ac.kr

Unit 3 - Unit 4 Review

Unit 3 - Unit 4 Vocabulary

만리장성 Great Wall of China
발표 presentation 서재 a study or library

편의 시설 convenient facility

I. Listen to the dialogue and answer.

윤아: 리타오 씨, 지금 뭐 해요?

Yuna: Letao, what are you doing?

리타오: 숙제를 하는 중이에요, 윤아 씨. 다음 주에 학교에서 고향 이야기 발표를 해야 되기 때문에 지금 고향을 소개하는 글을 쓰고 있어요.

Letao: I'm doing my homework, Yuna. I'm writing an introduction to my hometown because I have to do a presentation about it at school next week.

윤아: 그래요? 리타오 씨는 베이징에서 왔지요? 저는 베이징에 가 보지 못했는데 구경거리가 많은가요?

Yuna: Really? You're from Beijing, right? I have never been there, but are there a lot of things to see in Beijing?

리타오: 그럼요, 베이징에는 가 볼 곳이 아주 많아요. 제가 고향에서 찍은 사진을 좀 보여 드릴까요? 음... 여기는 유명한 관광지인 만리장성이고, 또 여긴 고향 사람들이 많이 가는 공원이에요. 우리 할아버지는 매일 아침 일찍 거기에 가서 운동을 하세요.

Letao: Oh yes, there are many things to see in Beijing. Should I show you some pictures I took of my hometown? Um, this is a famous tourist attraction, the Great Wall of China, and this is a park that many people in my hometown visit. My grandfather goes here early in the morning every day to exercise.

윤아: 어, 여기는 어디예요? 아주 멋있는 집이네요.

Yuna: Oh, where is this? This is a very elegant house.

리타오: 얼마 전에 이사한 우리 집이에요.

Letao: That is my family's house that we recently moved into.

윤아: 와, 정말 크고 예뻐요. 우리 고향 집은 아파트가 아닌데 리타오 씨 집은 아파트군요.

Yuna: Wow, it's really big and beautiful. Our home in my hometown isn't an apartment but yours is.

리타오: 네, 베이징에는 아파트에 사는 사람들이 많아요.

Letao: Yes, there are many people who live in apartments in Beijing.

윤아: 나중에 학교에서 발표할 때 이 사진들도 같이 보여 주세요.

Yuna: When you give your presentation later on, please show these pictures, too.

리타오: 좋은 생각이네요. 그런데 사진을 보니까 가족들도 보고 싶고 집도 그리워지네요. 저녁에 숙제를 끝내고 오랜만에 할아버지께 전화드려야겠어요.

Letao: That's a good idea. Looking at these pictures makes me miss my family and home. After finishing my homework tonight, I'd better give my grandfather a call since it's been a while.

II. Read the following and answer the questions.

This picture is of my home in Beijing. I took this picture with my parents on the first day after the move. My father likes this house because it is close to his workplace. My mom likes it because the living room and kitchen are large. Although the living room and kitchen are large, the veranda is quite small. I put all the books I like in the veranda and made a little library.
It is very comfortable to live in my neighborhood. There are many convenient facilities like a department store, restaurants, and parks. People in Beijing visit parks often and take walks and exercise there. I came to Korea just a month after moving so I haven't been to a park nearby my home yet. When the vacation starts, I would like to go back to my hometown and _____ with my family.

Korean Culture: The Houses of Koreans

You can see a variety of houses in Korea. The most common type of house is the apartment. The apartment is a building in a set location in which many people can live. In addition, it is convenient and safe to live in. For this reason, you can say that the apartment is the representative home of the city. Other than that, many people live in vila apartments and detached houses. There are also some people who live in hanok, the traditional Korean-style houses.

Unit 5

<1> Introducing Food

Lesson Objective: to understand introductions on how to eat food

Vocabulary

고추장 Gochujang (red pepper paste)
식초 vinegar
설탕 sugar
뿌리다 to sprinkle
넣다 to add or put in
찍다 to dip
비비다 to mix
닭고기 chicken
채소 vegetables
만두 steamed bun or dumpling
양념 seasoning
직접 directly or personally
소스 sauce
음료 drink
무료 free of charge
파전 Pajeon (green onion pan-fried in batter)
파 green onion
중에서 from among
설렁탕 Seolleongtang (beef and rice soup)
소고기 beef
국 soup or broth
말다 to put into soup or mix with

소금 salt
반찬 side dish
깍두기 Kkakdugi (diced radish kimchi)
치맥 chicken and beer
대구 Daegu
페스티벌 festival
선택하다 to choose
메뉴 menu
프라이드치킨 fried chicken
콘서트 concert

- **Let's listen**

1.

(1) 가: 어느 나라 음식이에요?
A: What country's food is this?
나: 이탈리아 음식인데 한국에서도 많이 먹어요.
B: This is Italian food, but many people eat it in Korea.

(2) 가: 이건 어떤 음식이에요?
A: What kind of food is this?
나: 그건 닭고기와 여러 가지 채소로 만드는데 좀 매워요.
B: This is made with chicken and different kinds of vegetables but it's a bit spicy.

(3) 가: 만두는 어떻게 먹어요?
A: How do you eat dumpling?
나: 이 양념은 좀 짠데 여기에 찍어서 먹으면 맛있어요.
B: This seasoning is a bit salty but if you dip the dumpling in here, it tastes good.

(4) 가: 오늘은 뭘 먹을까요?
A: What should we eat today?
나: 이 음식은 시원해서 여름에 많이 먹는데 오늘은 날씨가 더우니까 이걸 먹읍시다.
B: This food is cool so many people eat it in the summer. Since it's hot today, let's eat this.

2.

오늘은 신촌의 유명한 떡볶이 집을 소개하겠어요. 여기는 떡볶이를 직접 만들어서 먹는 집이에요. 먼저 떡볶이에 넣고 싶은 채소를 골라 보세요. 소스는 매운 맛과 단 맛이 있으니까 좋아하는 맛의 소스도 고르세요. 그리고 맛있는 떡볶이를 만들어 보세요. 음료도 무료니까 꼭 가 보세요.
I will introduce you to a famous tteokbokki(seasoned bar rice cake) restaurant in Sinchon today. This is place where you make your own tteokbokki and eat it. First, you choose the vegetables you want to put into the dish. For sauces, there are the spicy and sweet types so you choose the sauce that you like. Then you go ahead and make your tteokbokki. The drinks are free as well so you must visit this place.

3~4.

유키: 주앙 씨, 좋아하는 한국 음식이 뭐예요?
Yuki: Juang, what Korean food do you like?
주앙: 저는 파전을 좋아하는데 파전은 파로 만든 음식이에요.
Juang: I like pajeon, the dish made with green onions.
유키: 맛이 어때요? 맵지 않아요?
Yuki: What does it taste like? Isn't it spicy?
주앙: 네, 맵지 않아요. 간장에 찍어서 먹으면 더 맛있어요. 유키 씨도 꼭 드셔 보세요.
Juang: No, it's not spicy. If you dip it in soy sauce, it tastes even better. You should really try it, Yuki.

5~7.

존: 윤아 씨, 한국 음식 중에서 뭐가 제일 맛있어요?
John: Yuna, what is the most delicious Korean food?
윤아: 저는 설렁탕을 제일 좋아해요. 설렁탕을 먹어 봤어요?
Yuna: I like seolleongtang(beef and rice soup) the most. Have you tried eating seolleongtang?
존: 아니요, 아직 못 먹어 봤어요. 어떤 음식이에요?
John: No, I haven't eaten that yet. What kind of food is it?
윤아: 설렁탕은 소고기로 만든 음식이에요. 소고기 국에 밥을 말고 파하고 소금을 넣어서 먹는 음식이에요.
Yuna: Seolleongtang is a dish made with beef. It's a dish where you mix the rice into the beef soup and add some green onions and salt.
존: 어떤 반찬하고 먹으면 좋아요?
John: What kind of side dishes does it go well with?
윤아: 깍두기하고 같이 드셔 보세요. 깍두기는 무로 만든 김치인데 설렁탕하고 같이 먹으면 정말 맛있어요.
Yuna: Try eating it with kkakdugi(diced radish kimchi). It's a type of kimchi made with radish and if you eat it with seolleongtang, it tastes really good.

- **Let's read**

Olivia's Life in Korea

My friend and I really love chicken and beer! That is why we went to the Chicken and Beer Festival in Daegu last week.
There were a lot of people there and there was a whole lot of chicken as well. Among all the chicken there, the menu we chose was fried chicken, garlic chicken, and seasoned chicken. For chicken and beer, you definitely need the beer, don't you? That's why we also bought some cool beer.
My friends liked the fried chicken the best. The garlic chicken that had to be dipped in a garlic sauce was popular, too. The seasoned chicken was spicy and sweet and that was my favorite. If you have never eaten it before, you really must try it.
We were able to watch a free concert while eating our chicken and beer. It was very fun. You really must go to the Daegu Chicken and Beer Festival!

<2> Food ingredients and cooking

Lesson objective: to understand the explanation of ingredients for a meal and how to cook it.

Vocabulary

면 noodles	삶다 to boil
볶다 to stir-fry	썰다 to cut or chop
냄비 pot	프라이팬 frypan
접시 plate	덜다 to put
따로 separately	실수 mistake
잃어버리다 to lose	섞다 to mix
삼계탕 samgyetang(ginseng chicken broth)	
인삼 ginseng	마늘 garlic
대추 jujube	끓이다 to boil
방법 method	돼지고기 pork
두부 tofu	햄 ham
잡채 japchae(clear noodles stir-fried with beef and vegetables)	
재료 ingredient	당면 clear noodles
버섯 mushroom	당근 carrot
양파 onion	시금치 spinach
달걀 egg	다지다 to mince
참기름 sesame oil	후추 black pepper
끓다 to boil	꺼내다 to take out
부치다 to fry or griddle	담다 to put in

- **Let's listen**

1.

(1) 저는 탕수육을 먹을 때 소스에다가 고기를 찍어서 먹어요.
When I eat tangsuyuk(sweet and sour pork), I dip the meat into the sauce.

(2) 채소를 냄비에 넣지 마세요. 프라이팬에다가 넣고 볶으세요.
Don't put the vegetables into the pot. Put them in a frypan and stir-fry them.

(3) 앞에 있는 접시에다가 이 음식을 덜어서 드세요.
Put this food on the plate in front of you and then eat it.

(4) 저는 국에다가 밥을 말지 않고 국과 밥을 따로 먹어요.
I don't mix my rice into the soup but eat them separately.

2.

저는 처음에 한국에 왔을 때 실수를 많이 했어요. 선생님께 "안녕?"하고 인사한 적이 있어요. 버스를 잘못 타서 길을 잃어버린 적도 있어요. 그리고 비빔밥을 섞지 않고 채소만 따로 먹은 적도 있어요. 지금은 익숙해졌지만 처음에는 젓가락을 쓸 때도 실수를 많이 했어요.

I made a lot of mistakes when I first came to Korea. There was a time when I greeted my teacher with, "안녕?" I have also taken the wrong bus and have lost my way. There was also a time I didn't mix the food for my bibimbap but ate the vegetables separately. Although I'm much more used to them now, when I first started using chopsticks, I made many mistakes.

3~4.

타오: 로라 씨, 삼계탕을 먹은 적이 있어요?
Tao: Lora, have you ever tried samgyetang(ginseng chicken broth)?

노라: 아니요, 먹은 적이 없어요. 하지만 들어 봤어요. 닭고기로 만드는 음식이지요?
Nora: No, I have never tried it but I've heard about it. Is it made with chicken?

타오: 네, 닭고기에다가 인삼, 마늘, 대추를 넣고 끓여서 만드는 음식이에요.
Tao: Yes, it's a dish made with chicken boiled with ginseng, garlic, and jujube.

노라: 건강에 좋겠네요. 먹어 보고 싶어요.
Nora: It must be good for your health. I would like to try it.

5~7.

에릭: 레오 씨, 한국 음식을 만들어 본 적이 있어요?
Eric: Leo, have you ever tried to cook Korean food?

레오: 그럼요, 에릭 씨. 여러 가지 한국 음식을 만들어 봤어요.
Leo: Yes, of course, Eric. I have tried cooking many different kinds of Korean food.

에릭: 그럼 김치찌개도 만들어 봤지요? 만드는 방법 좀 가르쳐 주세요.
Eric: Then have you tried making kimchi-jjigae(kimchi pot stew)? Please teach me how to make it.

레오: 네, 먼저 냄비에다가 돼지고기하고 김치를 넣고 볶으세요. 좀 볶은 후에 물을 넣고 10분쯤 끓이세요. 그리고 두부, 양파, 파를 썰어서 넣고 조금 더 끓이세요.
Leo: Okay. First, put some pork and kimchi in a pot and fry them. After frying them a bit, put in some water and boil it for about ten minutes. Then after chopping up some tofu, onions, and green onions, put them into the pot and boil it for a little longer.

에릭: 생각보다 쉽네요.
Eric: It sounds easier than I thought.

레오: 어렵지 않아요. 돼지고기가 없으면 햄을 넣어 보세요. 햄 김치찌개도 맛있어요.
Leo: It's not hard. If you don't have pork, you can try putting in ham. Ham kimchi-jjigae (kimchi pot stew with ham) is also very tasty.

- **Let's read**

Learning Korean through Cooking

Japchae
(Clear Noodles Stir-fried with Beef and Vegetables)

Have you ever tried cooking japchae? This is a dish that is always eaten at parties in Korea. Shall we try making japchae?
Ingredients: clear noodles, beef, mushroom, carrot, onion, spinach, egg
Seasoning: minced garlic, sesame oil, soy sauce, salt, sugar, black pepper
Put in the garlic, soy sauce, sugar, sesame oil, and black pepper with the meat and mix.

Place the spinach into boiling water and remove them after one minute. Then season the spinach with minced garlic and salt.
Fry the eggs in a thin layer and then cut them.
Cut up the onions, mushrooms, and carrots.
First, fry the onions. Then separately fry the carrots, mushrooms, and meat.
Boil the clear noodles for about 6-7 minutes.
Pan-fry the noodles with some soy sauce.
Mix in the pan-fried vegetables and meat with the noodles. Sprinkle soy sauce, sesame oil, sugar, or black pepper if needed.
Place the japchae in a plate. Place the eggs over the dish to make it look nice.

Unit 6

<1> Convenience Store

Lesson objective: to understand the introduction to a shopping location.

Vocabulary

식료품 groceries
생활용품 living products
냉동식품 frozen food
생수 spring water
치약 toothpaste
라면 ramen
이불 blanket
손님 customer
여러분 all of you; ladies and gentlemen
방문하다 to visit
장을 보다 to go grocery shopping
특히 especially
택배 package
도시락 packed lunch

- **Let's listen**

1.

(1) 토마토는 어디에서 파나요?
Where are the tomatoes sold?

(2) 생수를 찾고 있는데 못 찾겠네요.
I'm looking for the spring water but I can't find it.

(3) 치약을 사야 해요. 어디에서 팔까요?
I need to buy toothpaste. Where do they sell it?

(4) 라면은 생활용품 파는 곳에 있나요?
Is the ramen in the living products section?

2.

(1) 가: 새 이불을 사려고 해요. 시장에 가면 살 수 있을까요?
A: I intend to buy a new blanket. Do you think I can buy it at the market?
나: 인터넷으로 사면 더 쌀 거예요.
B: It will be cheaper if you buy it through the internet.

(2) 가: 이 근처에 과일 파는 곳이 없을까요?
A: Is there a place where they sell fruits around here?
나: 편의점에서 팔 거예요. 요즘 편의점에 가면 다 있어요.
B: They'll sell them at the convenience store. They sell everything there these days.

(3) 가: 지금 학생식당에 가면 사람이 많을까요?
A: Will there be a lot of people at the student cafeteria if we go now?
나: 점심시간이어서 사람이 많을 거예요. 오늘은 신촌에 가서 먹읍시다.
B: There will be many people because it's lunch time. Let's go eat in Shinchon.

(4) 가: 오늘 숙제가 많아요. 지금 도서관에 자리가 있을까요?
A: I have a lot of homework today. Are there seats in the library now?
나: 이번 주에 시험이 있어서 자리가 없을 거예요. 커피숍에 가는 게 어때요?
B: There will probably be no seats because it is exam week. How about studying at the coffee shop?

3~4.

윤아: 존 씨, 남대문 시장에는 처음 와 봤지요? 구경해 보세요. 물건도 많고 백화점보다 값도 쌀 거예요.
Yuna: John, this is your first time coming to the Namdaemun Market, isn't it? Take a look around. There are many items and things will be cheaper here than at the department store.
존: 동대문 시장에는 가 봤는데 여기는 처음이에요. 정말 없는 물건이 없네요. 여름 이불을 사야 해요. 여기에 있을까요?
John: I've been to Dongdaemun Market, but it's my first time here. There really is everything here. I have to buy a summer blanket. Will they have it here?
윤아: 그럼요. 저쪽으로 가면 이불이나 방석 같은 물건을 싸게 파는 가게가 있어요. 아마 조금 깎아줄 거예요.
Yuna: Of course. If you go that way, there is a store that sells blankets and things like cushions for cheap. They may even give you a discount.
존: 백화점에서 사려고 했는데 여기에서 싸게 살 수 있겠어요. 정말 고마워요.
John: I was going to buy it at a department store but I can get it here for cheap. Thanks so much.

5~7.

손님 여러분 안녕하십니까? 오늘도 우리 행복 마트를 찾아주셔서 감사합니다. 우리 마트는 이번 5월에 월요일에는 비누와 치약 같은 생활용품의 가격을 30% 내리고, 금요일에는 만두나 피자 같은 냉동식품을 똑같이 30% 싸게 팔겠습니다. 주말에는 라면이나 몇 가지 음료를 50%에 살 수 있으니까 꼭 우리 마트를 방문해 주십시오. 또 날마다 저녁 7시부터 문 닫을 때까지 채소와 과일을 반값에 드리겠습니다. 다음 달에도 이렇게 싸게 팔까요? 아닙니다. 5월에만 싸게 팝니다. 우리 행복 마트에서 장을 보시면 모두가 행복해지실 거예요.
Hello, ladies and gentlemen. Thank you for visiting our Happy Mart today. For this month of May, we

will be giving a 30% discount for all living products like soap and toothpaste every Monday. On Fridays we will sell all frozen food products like mandu and pizza for 30% less. On the weekends you can buy ramen and other food products at 50% of the price so please come and visit our store. We also sell all our vegetables and fruits at 50% off after 7PM every day. Will we be selling these things for cheap next month? No. It is only for the month of May. If you go shopping at Happy Mart, everyone is happy.

• **Let's read**

Where is the place where foreigners enjoy going to in Korea? It is different for everyone. The place where I like to go to the most is the convenience store. There are many places that sell food or living products but among all those places, I go to the convenience store most often.
I believe that there are convenience stores in all the places where people live. Because there is one near my boardinghouse, I go there a lot. The market closes early but the convenience store opens for 24 hours a day so I can go even late at night. Everything we need in our daily life can be bought at the convenience store and it's even more convenient these days because we can even send packages from there. Especially, we can even eat our meals there because they sell packed lunches. The convenience stores are not large but there isn't anything they don't sell. They have living products, food, vegetables, fruits, drinks, and frozen foods but I usually buy spring water, milk, and fruits a lot. Since I live alone I don't buy fruits at the market because the quantity is too much. I like how the convenience store sells them in small quantities. I wish there would be more convenience stores in the area.

<2> Internet Shopping Mall

Lesson objective: to understand the recommendations for places of shopping.

Vocabulary

패션 잡화 fashion goods
가전제품 electric home appliances
스포츠 용품 sporting goods
장갑 gloves　　축구화 soccer shoes
식당가 food court
인터넷 쇼핑 internet shopping
빙수 shaved ice with syrup
쿠폰 coupon
고속 터미널 express bus terminal
상가 shopping mall　　비교하다 to compare
생필품 daily necessity　　클릭 click
회원 member

• **Let's listen**

1.

(1) 가: 침대를 구경하고 싶은데 몇 층에 있나요?
A: I'd like to see some beds. What floor are they on?
나: 5층에 있어요. 가전제품 매장 옆이에요.
B: They are on the 5th floor, next to the electronic home appliances.

(2) 가: 친구한테 장갑을 선물하려고 하는데 여성복 매장에 가면 되겠지요?
A: I'd like to buy my friend a pair of gloves for her birthday. Do you think I should go to the women's clothing store?
나: 아니요. 패션잡화 매장에서 팔아요.
B: No, they sell gloves at the fashion goods store.

(3) 가: 축구화가 필요한데 어디에 있어요?
A: I need soccer shoes but where are they?
나: 아마 5층에 있을 거예요. 여기 식당가에서 두 층 내려가세요.
B: They may be on the 5th floor. Go down two floors from this food court.

(4) 가: 아이 옷을 찾고 있는데 여기에는 없나요?
A: I'm looking for children's clothes but are they not here?
나: 여기는 남성복 매장입니다.
B: This is a men's clothing store.

2.

저는 친구들에게 가끔 인터넷쇼핑으로 선물을 사서 보내요. 주앙 씨가 요즘 많이 더워해서 시원한 빙수 쿠폰을 선물해줬어요. 또 흐엉 씨는 요즘 한국 소설책을 재미있어 해서 인터넷 서점에서 한 권 사서 보내줬어요. 에릭 씨는 요즘 너무 피곤해해서 커피 쿠폰을 보내줬어요. 노라 씨는 요즘 한국 영화를 보고 싶어해서 영화표를 보내줬어요. 친구들이 선물을 받으면 아주 기뻐해서 저도 기분이 정말 좋아져요. 여러분도 친구들에게 선물해 보세요.
Sometimes I buy and send gifts for my friends through internet shopping. It's been very hot these days for Juang so I gave him a coupon for bingsu as a gift. Huang is enjoying Korean novels these days so I bought a book from the internet bookstore and sent it to her. Eric is so tired these days so I sent him a coffee coupon. Nora wanted to watch a Korean movie recently so I sent her a movie ticket. Because my friends are so happy when they receive gifts, I feel really happy, too. Why don't you try giving gifts to your friends as well?

3~4.

유키: 윤아 씨, 고향에서 어머니가 오시는데 어디에서 같이 쇼핑하면 좋을까요?
Yuki: Yuna, my mother is coming from my hometown. Where is a good place to go shopping together?

윤아: 저는 고속터미널 지하 쇼핑 상가에 자주 가요. 여성복이나 남성복 할인 매장이 있어서 항상 싸게 살 수 있어요. 또 귀걸이나 목걸이 같은 싸고 예쁜 액세서리도 많으니까 구경해 보세요. 그리고 근처에 백화점이나 서점, 영화관 같이 구경거리가 많아서 좋을 거예요.

Yuna: I go to the underground shopping mall at the Express Bus Terminal often. I can always buy things for cheap because they have discount stores for men's and women's clothing. There are also a lot of inexpensive and pretty accessories like earrings and necklaces so go and take a look. It's a good place because there are a lot of things to see like the department store, bookstore, and movie theater nearby.

유키: 저희 어머니가 쇼핑을 좋아하시는데 거기 가면 재미있어하실 것 같아요. 소개해 줘서 고마워요.

Yuki: My mother likes to go shopping so I think it will be fun if we go there. Thanks for introducing it to me.

윤아: 참, 유키 씨 어머니가 꽃도 좋아하시지요? 잘 됐어요. 근처에 꽃집도 많이 있으니까 한번 가 보세요.

Yuna: Oh, your mother likes flowers, too, right? That's good. There are also a lot of flower shops nearby so you should go there.

5~7.

미선: 올리비아 씨, 어디에 가는 길이에요?

Misun: Olivia, where are you on your way to?

올리비아: 백화점에 가는 길이에요. 며칠 전에 새 룸메이트가 왔는데 소파가 없으니까 방에 앉을 때 많이 불편해해요. 소파를 하나 살까 하는데 백화점에서 팔겠지요?

Olivia: I'm on my way to the department store. My new roommate arrived a few days ago but because we have no sofa, it's very uncomfortable to sit down in the room. I'm thinking about buying a sofa. I'm sure they'll sell sofas at the department stores, right?

미선: 백화점 가구 매장에 가면 다 있지만 많이 비쌀 거예요. 인터넷 쇼핑몰에서 사지 그래요?

Misun: They sell them at the furniture stores in the department store but it will be very expensive. Why don't you buy it at the internet shopping mall?

올리비아: 그런데 직접 보지 않고 사는 것이 괜찮을까요? 가끔 인터넷에 있는 사진하고 받은 물건이 달라서요.

Olivia: Do you think it will be alright to buy it without seeing it firsthand? The photos on the internet are sometimes different from the item you receive.

미선: 그래서 저는 먼저 백화점에 가서 사고 싶은 물건을 직접 본 후에 인터넷으로 값을 비교해 보고 인터넷 쇼핑몰에서 사요.

Misun: That is why I go to the department store and see the product that I want to buy first. Then after comparing the prices on the internet, I buy it on the internet shopping mall.

올리비아: 좋은 방법이네요. 저도 미선 씨처럼 백화점에 가서 먼저 구경하고 인터넷에서 사야겠어요.

Olivia: That's a good method. I think I'll go and see the sofas at the department store first and then buy it on the internet just like you, Misun.

- **Let's read**

You want to buy daily necessities, women's clothes, and furniture but where can you comfortably buy all these things at once? With just a few clicks, you can comfortably order products from a department store to living products and groceries from the market and receive them at your home.
Does your family want to eat ginseng chicken broth on a hot summer day? Then try preparing the ingredients for samgye-tang. You can shop for special products at a discounted price every week at our shopping mall.
Is your family very hot during the summer? Are you planning to buy an air conditioner? There's no need for you to go to the electronic home appliance store at the department store. It's cheaper and more convenient at our shopping mall.
There are always sale items at our shopping mall and you can receive a birthday coupon if you become a member. You can receive a bigger discount during the month of your birthday. Do your shopping in an inexpensive and comfortable way at our shopping mall.

Unit 5 - Unit 6 Review

Unit 5 - Unit 6 Vocabulary

빈대떡 bindaetteok(mung-bean pancake)
김치볶음밥 kimchi fried rice
간을 보다 to taste a dish to see how it is seasoned with salt

I. Read the following the answer the questions.

It has been three months since I came to Korea. I have seen several places in Seoul up to now. Among all of them, my favorite place is ________. I will introduce two of those places.
The Dongdaemun Market is famous in Korea for the many things to buy and see so it's a fun place to shop. There are also many places to eat delicious Korean food nearby. There are discount stores that have items always on sale such as women's clothing, men's clothing, and fashion items so you can buy

the many different things you want to buy at a very cheap price.
Not too long ago, I once visited the Gwangjang Market with my classmates. There we ate bibimbap(vegetables mixed with rice) and bindaetteok(mung-bean pancake). The bibimbap sold at the Gwangjang Market was different from the ones I've tried before. I selected the vegetables I wanted to eat and put them in a bowl. Then I added a little bit of gochujang and sesame oil, mixed them altogether, and ate it. I think it tasted better because I made it myself.
If your hometown friends come to Korea, try going to the Market together. Enjoy shopping and eating delicious Korean food together. Your friends will be able to have a good time shopping and will like Korean food.

II. Listen to the dialogue and answer the questions.

유키: 에릭 씨, 내일 고향 친구가 한국에 오는 날이지요? 내일 뭐 할 거예요?
Yuki: Eric, tomorrow is the day your friend from your hometown is coming to Korea, right? What are you going to do tomorrow?

에릭: 친구가 쇼핑을 좋아해서 먼저 동대문에서 쇼핑을 하고, 명동에 가서 백화점에 있는 할인 매장도 구경할 거예요. 친구가 한국음식을 먹고 싶어 해서 집에서 만들어 먹으려고 하는데 무슨 음식을 만들면 좋을까요?
Eric: My friend likes to shop so we will first go shopping at the Dongdaemun Market and check out the discount stores at the department store in Myeong-dong. My friend also wants to try eating Korean food so I want to make something at home. What do you think is good to make?

유키: 저는 한국 음식 중에서 김치볶음밥이 제일 만들기가 쉽고 맛있는 것 같아요.
Yuki: I think making kimchi fried rice is the easiest and tastiest Korean food to make.

에릭: 김치볶음밥은 어떻게 만드나요?
Eric: How do you make kimchi fried rice?

유키: 밥에다가 김치와 채소를 넣고 볶으세요. 간을 보고 소금을 조금 넣으세요. 어때요? 만들기가 아주 쉽지요? 저도 가족들에게 한번 만들어 준 적이 있는데 모두 맛있게 먹었어요.
Yuki: You fry some kimchi and vegetables with rice. Taste to see how it is seasoned and add a little bit of salt. What do you think? Isn't it easy to make? I once made it for my family and everyone enjoyed eating it.

에릭: 제 친구도 좋아할까요? 매워하지 않을까요?
Eric: Do you think my friend will like it? Wouldn't he think it was spicy?

유키: 맵지 않게 만들 수 있어요. 친구도 맛있어할 거예요. 한번 만들어 보세요.
Yuki: You can make it not spicy. Your friend will think it tastes good. Just try making it.

에릭: 쇼핑한 후에 같이 마트에 가서 채소와 과일도 사야겠어요. 친구가 맛있게 먹었으면 좋겠네요.
Eric: After going shopping, I think we need to go to the mart and buy the vegetables and fruits together. I hope my friend will eat it and think it's delicious.

Korean Culture: Gwangjang Market

The Gwangjang Market is an old marketplace over 100 years old in the Jongno region of Seoul. There are many tourists from foreign countries because it is in the middle of Seoul and this market has been loved by Koreans for a long time. There are quite a lot of traditional Korean dress stores and blanket stores. It is especially famous for the eatery alleys where you can eat a variety of Korean cuisine. Because Korean traditional food like bindaetteok (mung-bean pancake), bibimbap, gimbap, and yukhoe(steak tartare) are so famous, the alleys are so busy with the footsteps of the people looking for these types of food all day.

Unit 7

<1> Things I Want to Buy

Lesson objective: to understand the description of a situation where one is buying a product and what one wants to buy.

Vocabulary

양복 a suit
흰색 white
블라우스 blouse
분홍색 pink
원피스 one-piece dress
하늘색 sky-blue
운동복 sportswear
어울리다 to match with or go together
에스엔에스(SNS) social networking service
회색 gray
디자인 design
립스틱 lipstick
유행이다 to be in fashion or popular
로션 lotion
베스트 best
모양 appearance or form
매우 very or excessively

- **Let's listen**

1.

(1) 이 원피스가 저한테 맞을까요? 입어 봐도 돼요?
Will this one-piece dress fit me? May I try it on?

(2) 귀걸이가 예뻐요. 해 봐도 돼요?
These earrings are pretty. May I try them on?

(3) 모자가 저한테 어울릴까요? 써 봐도 돼요?
Will this hat match with me? May I try it on?

(4) 가게가 예뻐서 제 에스엔에스(SNS)에 올리고 싶어요. 사진을 찍어도 돼요?
This store is so beautiful that I would like to post it on my social networking service. May I take a picture?

2.
저는 마트에 자주 가요. 거기에 가면 옷을 파는 매장이 있는데 그 안에서는 음료수를 마시면 안 돼요. 옷을 사기 전에 옷을 입어 봐도 돼요. 신발도 신어 볼 수 있지만 양말은 신어 보면 안 돼요. 마트 안에는 서점과 커피숍도 있어요. 서점 안에서는 책을 읽어도 되지만 서점에 있는 책을 커피숍으로 가지고 가서 읽으면 안 돼요. 그리고 밖에서 산 음식을 커피숍에서 먹으면 안 돼요.
I go to the mart often. There is a store that sells clothing and you are not allowed to drink anything inside the store. You are allowed to try on clothes before buying them. You can also try on the shoes but not the socks. There are also a bookstore and coffee shop at the mart. You are allowed to read the books inside the bookstore but you cannot take the books and read them in the coffee shop. In addition, you may not bring food from outside and eat it inside the coffee shop.

3~4.
점원: 어서 오세요. 특별히 찾으시는 게 있어요?
Employee: Welcome to our store. Are you looking for something special?
에릭: 요즘 입을 양복을 사려고 해요. 친구 결혼식에서 입어야 하는데 뭐가 좋을까요?
Eric: I want to buy a suit to wear these days. I need to wear it at my friend's wedding so what do you think is good?
점원: 이 양복은 어떠세요? 요즘 젊은 사람들이 많이 입는 디자인이에요. 검은색과 회색이 있는데 한번 보세요.
Employee: How about this suit? It's a design that many young people are wearing these days. We have it in black and gray so please take a look.
에릭: 이 회색 양복 입어 봐도 돼요?
Eric: May I try on this gray suit?
점원: 네, 저쪽에서 갈아입으실 수 있습니다.
Employee: Yes, you can change your clothes over there.

5~7.
노라: 이 립스틱 발라 봐도 돼요?
Nora: May I try on this lipstick?
점원: 그럼요. 여기 앞에 있는 건 발라도 됩니다. 뒤에 있는 건 바르면 안되고요. 분홍색이 손님에게 아주 잘 어울리네요.
Employee: Of course. You can try on the one here in front but not the one in the back. The pink color matches you very well.
노라: 음, 괜찮은 것 같아요. 이 색깔이 요즘 유행이에요?
Nora: Hm, I think it's nice. Is this color in fashion these days?
점원: 네, 가수 제이가 발라서 인기가 아주 많아요. 그리고 특별히 세일 중이어서 한 개 사시면 한 개를 더 드립니다.
Employee: Yes, the singer J uses it and so it's very popular. And since it's on sale right now, if you buy one, you get another one for free.
노라: 그래요? 그럼 이거 주세요.
Nora: Really? Then please give me this one.
점원: 다른 건 더 필요하지 않으세요? 이 로션도 지금 세일하고 있는데 한번 발라 보세요. 저도 쓰고 있는데 아주 괜찮아요.
Employee: Do you need anything else? This lotion is on sale right now. You can try some on. I am also using it and it's very good.
노라: 그러네요. 이것도 하나 주세요.
Nora: It is nice. Give me one of that, too.

- **Let's read**

The three best sports shoes to wear in the summer!

Let me introduce the sports shoes to wear in the summer today. I have selected the sports shoes from three sportswear companies that are most popular these days.

Sports Shoe A ★★★★
The appearance of the shoe is pretty and comes in different colors and so it will be popular among the women. You can wear them while playing a sport or during a regular day. The shoe gives a cool feeling because the ventilation is good. You can also put it in the washing machine.
2. Sports Shoe B ★★★
This shoe has large sizes available so tall men can wear them. The shoe was made so that water cannot enter in so you can wear it on rainy days. It only comes in the one color of white so you need to be careful when you wear it so it doesn't get dirty. You cannot put it in a washing machine.
3. Sports Shoe C ★★★★★
The design is not that great but very good for sports. It's so lightweight and comfortable that it feels like you're not wearing shoes. There is a service that can imprint your name on the shoe so you can order your own pair of shoes. You can put them in the washing machine.

<2> Introducing Products

Lesson objective: to understand introductions of products you have purchased and descriptions of things you want to sell.

Vocabulary

사이즈 size
비슷하다 to be similar
맞다 to fit
화려하다 to be ornate or gorgeous
쇼핑백 shopping bag
까맣다 to be black
파랗다 to be blue
하얗다 to be white
빨갛다 to be red
사실 fact
의미 meaning
마트 mart
홈쇼핑 home shopping
갈색 brown
무늬 pattern
단순하다 to be simple
올리다 to place on top of something
체크무늬 checkered pattern
넘다 to go over or exceed

- **Let's listen**

1.

(1) 인터넷에서는 클릭만 하면 다 살 수 있어요.
On the internet, you can buy everything with a click.

(2) 리에 씨는 취미가 쇼핑이에요.
Lea's hobby is shopping.

(3) 오늘 서점에서 책을 다섯 권 샀어요.
I bought five books at the bookstore today.

(4) 고향에 돌아가기 전에 가족과 친구들 선물을 사러 갔어요.
I went to buy gifts for my family and friends before returning to my hometown.

2.

(1) 밝은 곳으로 나가면 안경이 까매져요.
The glasses become darkened when you go out to where it is bright.

(2) 컵에 시원한 물을 넣으면 색깔이 파래져요.
If you put some cold water into the cup, the color changes to blue.

(3) 이 치약으로 이를 닦으면 이가 정말 하얘져요.
If you brush your teeth with this toothpaste, your teeth truly become white.

(4) 열이 나고 빨개진 얼굴에 이 약을 바르십시오.
Apply this ointment on your face that has become red with a fever.

3~4.

윤아: 유키 씨, 지금 하고 있는 목걸이 예쁜데요. 그런 디자인은 처음 봐요.

Yuna: Yuki, the necklace you have on right now is pretty. It's my first time seeing that kind of design.

유키: 이거요? 제가 한국에 오기 전에 어머니께서 주신 거예요. 사실 어머니도 외할머니한테서 받은 거예요.

Yuki: This one? My mother gave it to me before I came to Korea. In fact, my mother received it from my grandmother.

윤아: 아, 그래서 요즘 보기 어려운 디자인이군요. 특별한 의미가 있는 목걸이네요.

Yuna: Oh, that's why it's in a design that's not easy to find these days. It's a necklace that has a special meaning.

유키: 네, 이걸 볼 때마다 고향에 계신 외할머니와 어머니를 생각할 수 있어서 얼마나 좋은지 몰라요.

Yuki: Yes, you don't know how much I love it because I can think about my mother and grandmother who are in my hometown every time I see it.

5~7.

주앙: 와, 레오 씨, 처음 보는 노트북이네요. 어디에서 샀어요?

Juang: Wow, Leo, that's a notebook I've never seen before. Where did you buy it?

레오: 홈쇼핑에서 샀어요. 백화점과 마트에도 가 봤는데 홈쇼핑이 제일 쌌어요. 어때요?

Leo: I bought it through home shopping. I went to the department store and mart but it was the cheapest through home shopping. What do you think?

주앙: 디자인도 멋있고 아주 가볍네요.

Juang: The design is cool and it's very lightweight.

레오: 네, 제가 전에 사용한 건 좀 무거웠는데 이건 얼마나 가벼운지 몰라요. 주앙 씨는 고향에서 노트북을 가지고 왔어요?

Leo: Yes, the one I was using before was a bit heavy but you don't know how light this one is. Did you bring a notebook from your hometown, Juang?

주앙: 네, 그런데 제 노트북이 너무 커서 학교에 가지고 다니기가 좀 불편해요. 그래서 사이즈가 작은 노트북을 알아보는 중이에요.

Juang: Yes, but it's uncomfortable to bring it to school because it is too big. That is why I'm in the middle of looking into a notebook smaller in size.

레오: 주앙 씨도 홈쇼핑을 한번 보세요. 설명도 잘 해주고 전화 한 번으로 살 수 있으니까 정말 편해요.

Leo: Why don't you try home shopping, too? They explain things well and it's very comfortable because you can buy it with just one phone call.

Title: Table and chairs for sale	
ID: yschoi	Email: yschoi@yonsei.com
It's a table for two people and two comfortable chairs. It's been a little over one year since I bought them and they are very clean. I am selling them because my international student life is over and I am returning to my hometown. I bought them at the mart for 250,000KRW but I am selling them here for 100,000KRW.	

The table is dark brown and the chairs are black. They are in a simple design without any pattern so they will match with anything.
I ate my meals and studied on this table. The size is not too big but you can place several books on the table and study as well as place heavy items on it. You don't know how sturdy it is.
If you buy these items, I will give you cushions for the chairs. They are blue cushions in a checkered pattern and match well with the table. They are good because they do not get soiled easily.
Please email me if you are interested.

Unit 8

<1> Meeting Invitation

Lesson objective: to understand the content of introductions and invitations to meetings.

Vocabulary

동아리 student club
동창회 alumni association
동호회 workplace club
모임 meeting or gathering
송별회 farewell party
환영회 reception
환영하다 to welcome
초대하다 to invite
서두르다 to hurry
보라색 purple
뒤풀이 afterparty
맛집 popular local restaurant
초대장 invitation card
미리 in advance
다들 everyone

• **Let's listen**

1.

(1) 저는 이번 주부터 자전거 동호회 모임에 나갈까 해요.
I'm thinking about joining the meeting for the bicycle club from this week.

(2) 시험이 끝나서 친구들과 노래방에 가 볼까 해요.
I'm thinking about going to the Noraebang with my friends because we are finished with exams.

(3) 우리 동아리에 새 친구가 들어와서 환영하는 모임을 할까 해요.
Because we have some new friends who joined our club, we are thinking about having a meeting to welcome them.

(4) 곧 생일이어서 반 친구들을 생일 파티에 초대할까 해요.
It's my birthday soon so I'm thinking about inviting my classmates to my birthday party.

2.

(1) 가: 정환 씨! 회의는 몇 시에 시작해요?
A: Jeonghwan! When will the meeting start?
나: 2시에 시작하니까 서두릅시다.
B: It starts at 2 o'clock so let's hurry.

(2) 가: 어제 리에 생일 파티에 갔어?
A: Did you go to Lea's birthday party yesterday?
나: 아니. 일이 있어서 못 갔어.
B: No, I couldn't go because something came up.

(3) 가: 언니 나 크리스마스 파티 할 때 이 보라색 옷 좀 입어도 돼?
A: Big sister, can I wear this purple dress at the Christmas party?
나: 아니. 내가 입을 거니까 입으면 안 돼. 다른 옷을 입어.
B: No, you can't because I'm going to wear it. Wear something else.

(4) 가: 민호야, 우리 모임 장소가 어디지?
A: Minho, where was the meeting location?
나: 형! 신촌 역 근처예요. 제가 어디인지 아니까 걱정 마세요.
B: Big brother! It's near the Sinchon Station. I know where it is, so don't worry.

3~4.

존: 윤아야, 나 존인데 이번 주 금요일 저녁에 뭐 해? 그날 바빠?
John: Yuna, this is John. What are you doing this Friday evening? Are you busy that day?
윤아: 아니. 별로 바쁜 일은 없는데? 왜?
Yuna: No, there isn't anything busy for me that day. Why?
존: 리에가 다음 주 일요일에 고향에 돌아가. 그래서 친구들과 같이 파티를 할까 하는데 너도 올 수 있지?
John: Lea is returning to her hometown next Monday. That's why some friends are thinking about having a party, but can you come, too?
윤아: 응. 갈 수 있어. 그런데 모임은 어디에서 해? 몇 시까지 가면 될까?
Yuna: Yes, I can go but where is the meeting going to be? What time should I be there?
존: 학교 앞 한식집에서 하니까 저녁 7시까지 오면 돼.
John: We are having it at a Korean restaurant in front of school so you can come at 7 pm.

5~7.

흐엉: 올리비아! 이번 주말에 명동에 가서 쇼핑할까 하는데 같이 갈까?
Huang: Olivia! I'm thinking about going shopping in Myeong-dong this weekend but do you want to come with me?
올리비아: 흐엉아, 미안하지만 동호회 모임이 있어서 같이 못 갈 것 같아.
Olivia: Huang, I'm sorry but won't be able to go with you because I have a meeting for a workplace club.
흐엉: 동호회 모임? 무슨 동호회인데?
Huang: Club meeting? Which club?
올리비아: 한국의 이곳저곳을 여행하는 동호회야. 여행을 가서 맛있는 것도 먹고 다 같이 사진도 찍고 게임도 하는데 정말 재미있어.
Olivia: It's a club for people who travel to different

places in Korea. We travel and eat delicious food, take pictures together, and play games. It's really fun.

흐엉: 아 그래? 나도 여행을 좋아하는데 한국말을 잘 못해서 혼자 여행을 해 본 적이 없어.

Huang: Oh, really? I like to travel, too, but because I can't speak Korean well, I've never travelled by myself before.

올리비아: 그래? 그럼 우리 동호회 모임에 한 번 와 봐. 모두 재미있고 친절한 분들이어서 쉽게 친해질 수 있을 거야.

Olivia: Really? Then try coming our club meeting once. Everyone is fun-loving and friendly so it will be easy to make friends.

흐엉: 정말 내가 가도 될까?

Huang: Can I really go?

올리비아: 그럼. 다들 네가 오면 좋아할 거야. 이번 주 일요일 오후 2시에 연세공원 앞에서 모임이 있으니까 꼭 와.

Olivia: Of course. Everyone will really like it if you come. We are having a meeting in front of the Yonsei Park at 2 pm this Sunday so just come.

• **Let's read**

To my friends in the Senior Class, Room 2

Hello, everyone. It's been a while. We haven't seen one another since we graduated high school so it's been about three years since we've met, right? What has everyone been since graduation? Have you all been doing well?
I'm sending you this invitation because of the alumni reunion. We will be having the alumni reunion for Class 2 of the Senior Class of Sinchon High School very soon and I hope everyone can come.
If you are not busy, please be sure to come to this reunion because I really miss everyone. We will be meeting friends we haven't seen in a long time, eating good food, and sharing fun stories. The teacher will even be there to see us. After the meal, I'm thinking we can all go to the noraebang but if any of you have any other ideas for a place to go, let me know.
We'll be taking photos together so please look your best.
I think Mijin won't be able to come because she is studying overseas but if there is anyone else who can't make it, please contact me ahead of time. Then I'll see you all at the reunion.
From Hyejin
Date: May 20, 20__ at 6:30pm
Place: Sinchon Bukgyeongbanjeom, Seodaemun-gu, Seoul

<2> Housewarming Party Gift

Lesson objective: to understand how to prepare a gift for and things related to a housewarming party.

Vocabulary

집들이 housewarming party
와인 wine
병문안 visiting someone who is sick
찻잔 tea set or teacup
샴페인 champagne
디지털 카메라 digital camera
화분 flowerpot
빈손 empty-handed
급하다 to be in a hurry
갈비찜 galbi-jjim
샐러드 salad
벽시계 wall clock
끝 end
두루마리 roll of paper
디퓨저 diffuser
향초 scented candle

• **Let's listen**

1.

(1) 가: 파티에서 마실 와인을 사 가지고 갈까?
A: Should we buy some wine to drink at the party?
나: 안 돼. 존은 술을 못 마시니까 사지 마. 그냥 케이크를 사.
B: No, we can't. Don't buy it because John can't drink alcohol. Just buy a cake.

(2) 가: 오늘 저녁에 흐엉 집으로 가면 되는 거지?
A: We are going to Huang's house tonight, right?
나: 응. 6시 반에 바로 시작하니까 늦지 마.
B: Yes. We'll start right at 6:30 so don't be late.

(3) 가: 너무 배고프니까 밥 좀 먼저 먹어야겠어.
A: I'm so hungry that I think I need to eat first.
나: 친구들이 모두 올 때까지 기다려야 해. 먹지 마.
B: We have to wait until all our friends arrive. Don't eat.

(4) 가: 집들이 선물로 휴지를 살까?
A: Should I buy toilet paper as a gift for the housewarming party?
나: 아니야. 사 오지 마. 집에 휴지가 많이 있어.
B: No, don't buy it. I have a lot of toilet paper at home.

2.

오늘 레오 씨 집에서 크리스마스 파티를 했습니다. 레오 씨는 소고기를 사 가지고 맛있는 불고기를 만들어 줬습니다. 유키 씨는 샴페인을 준비해 가지고 오고, 하늘 씨는 화분을 사 가지고 왔습니다. 흐엉 씨는 예쁜 사진을 찍으려고 친구에게 디지털 카메라를 빌려 가지고 왔습니다. 크리스마스 파티는 정말 즐거웠습니다.

We had a Christmas party at Leo's house today. Leo bought some beef and make delicious bulgogi for us. Yuki prepared some champagne while Hanuel brought a flowerpot. Huang borrowed a digital camera from her friend so she could take nice photos. The Christmas party was really fun.

3~4.

유키: 노라야! 어디에 가?

Yuki: Nora! Where are you going?

노라: 유키야! 안녕? 친구가 결혼을 해서 결혼 선물을 사려고 백화점에 가는 길이야.

Nora: Hi, Yuki! I'm going to the department store to buy a wedding gift for my friend because she got married.

유키: 결혼 선물로 뭘 살 건데?

Yuki: What are you going to buy as a wedding gift?

노라: 친구가 커피와 차를 자주 마시니까 예쁜 찻잔을 선물할까 해.

Nora: My friend often drinks coffee and tea so I'm thinking about giving her a pretty tea set.

유키: 찻잔을 선물할 거면 백화점에 가지 마. 백화점은 좀 비싸. 남대문 그릇 시장에 가면 싸고 예쁜 찻잔이 많으니까 거기에 가 봐.

Yuki: If you're going to buy a tea set, don't go to the department store. It's a bit expensive there. If you go to the Namdaemun Dish Market, they have many inexpensive and pretty tea sets so try going there.

5~7.

윤아: 존! 하늘아! 어서 와. 우리 집에 온 걸 환영해. 그런데 노라는 같이 안 왔어?

Yuna: John! Haneul! Please come in. Welcome to my house. Nora didn't come with you?

하늘: 노라는 오늘 급한 일이 있어서 집에 갔어. 오늘 못 올 것 같아. 그리고 윤아야! 이거 받아. 집들이에 초대를 받았는데 빈손으로 올 수 없어서 케이크를 사 가지고 왔어.

Haneul: Something sudden came up for Nora so she went home. I don't think she can come today. Yuna! Please take this. Since I was invited to your housewarming party, I couldn't come empty-handed. I brought a cake that I bought.

윤아: 와! 하늘아! 내가 딸기 케이크를 좋아하는 걸 어떻게 알았어?

Yuna: Wow, Hanuel! How did you know that I love strawberry cake?

존: 나는 작은 화분을 하나 사 왔어. 이 화분은 집 안의 공기를 깨끗하게 만들어 주는 화분이야.

John: I bought a small flowerpot for you. It's a flowerpot that cleans the air in the house.

윤아: 존 정말 고마워. 오늘 저녁으로 갈비찜과 샐러드를 준비했는데 너희가 맛있게 먹었으면 좋겠어.

Yuna: Thanks, John. I prepared galbi-jjim and salad for tonight. I hope you enjoy the meal.

하늘: 정말 맛있는 음식을 많이 준비했네. 배가 고픈데 우리 먼저 먹어도 돼?

Hanuel: You prepared so much delicious food. I'm so hungry so may I eat first?

윤아: 안 돼 하늘아! 먼저 먹지 마. 조금만 기다리면 제임스가 올 거야. 그때 같이 먹어.

Yuna: Oh no, Haneul! Please don't start eating. If we wait just a little, James will arrive. Let's eat altogether when he comes.

- **Let's read**

Eric: You know that there's a housewarming party for Letao today, right?
Huang: Of course. But what do I buy to take to the party?
Eric: Hm. The last time I visited, I noticed that there was no clock in the house. What about getting a clock as a gift?
Minjun: I think that's a good idea. Should I buy a large clock for him to hang on the wall?
Huang: Don't buy a wall clock. In China, clocks signify the end, so you shouldn't buy a clock.
Eric: Then what should I buy if I've been invited to a housewarming party in Korea?
Minjun: People normally give tissue paper, soap, detergent, or other living products. But these days, it is popular to give a scented candle or a diffuser as gifts.
Huang: Then should we buy toilet paper and give that? Toilet paper is something that is used a lot.
Minjun: Yes, and buy a diffuser to place in the bathroom. Letao will like that.
Eric: I should just buy a big package of toilet rolls and take that, right?
Huang: Should I buy the diffuser?
Minjun: Okay. Then let's all meet in front of school a little later at 5:30pm.
Huang: Got it.

Unit 7 - Unit 8 Review

Unit 7 – Unit 8 Vocabulary

샤브샤브 shabu shabu　　세제 detergent

I. Listen to the dialogue and answer the questions.

하늘: 유키 누나, 혹시 다음 주 금요일에 시간이 있어? 친구들을 초대 해서 집들이를 할까 하는데 올 수 있어?

Haneul: Yuki (big sister), do you have time next Friday? I'm thinking about inviting some friends to my house and having a housewarming party but can you come?

유키: 집들이? 나도 가도 되는 자리야?

Yuki: A housewarming party? Can I really go, too?

하늘: 그럼. 같이 맛있는 음식도 먹고 게임도 할 거니까 꼭 와.

Haneul: Of course. We will be eating delicious food

and playing games so you have to come.

유키: 알았어. 하늘아, 집들이에 뭐 필요한 건 없어? 집들이에서 먹을 음식을 좀 사 가지고 갈까?

Yuki: Okay. But Haneul, do you need anything for the housewarming party? Should I buy some food to eat and bring it to the party?

하늘: 음식은 사 오지 마. 내가 샤브샤브하고 잡채를 준비할 거니까 음식 은 안 사 와도 돼. 윤아가 와서 음식 만드는 것을 도와 줄 거니 까 걱정하지 마.

Haneul: Please don't buy any food. I'll be preparing shabu shabu and japchae so you don't have to bring any food. Yuna will come to help make the food so don't worry.

유키: 그럼 어떤 선물을 받고 싶어?

Yuki: Then what kind of gift would you like to receive?

하늘: 선물은 안 가지고 와도 돼. 그런데 친구들과 모두 같이 식사를 시작할 거니까 7시까지는 꼭 와. 늦으면 안 돼.

Haneul: You don't have to bring a gift. But because we will eat altogether, you have to come by 7 o'clock. You can't be late.

유키: 응. 알겠어. 필요한 게 생각나면 이야기해 줘.

Yuki: Okay. I got it. If you think of anything you need, let me know.

II. Read the following and answer the questions.

I was invited to a friend's housewarming party next week. It will be my first time going to the house of a Korean person, so I'm really looking forward to it. Because I can't go to a friend's house empty-handed, I'm thinking about buying a gift and bouquet of flowers for the housewarming party.

That's why I went to the Namdaemun Market to buy a gift for my friend. You can buy a variety of special items at the Namdaemun Market and you can pay by credit card. I thought it would be nice for my friend to have a wall clock so I picked one at the store. The first wall clock I saw was big with fancy black decoration. But because the new place my friend moved into is a studio, I though this big clock wouldn't match with his new home. The next wall clock I saw was white with a cute drawing of a puppy. I couldn't buy it because it was more expensive than I thought. The last wall clock I looked at had a simple design, was small in size, and was in blue, the color that my friend likes. That's why I chose this clock. The owner gave me a big discount so I bought it at a cheap price. I hope my friend likes this clock.

Korean Culture: Housewarming Gifts

Korean people usually give tissue paper, soap, detergent, and other similar living products as housewarming gifts. The tissue paper is a gift with the meaning of wishing that all bad incidents be wiped away and that all things turn out for the good. The soap or detergent means you wish that a lot of money will be made and many good things will arise just as soap bubbles rise. However, there are gifts that you should not give at a housewarming. You do not give knives or scissors as gifts because they carry the meaning of cutting off a relationship with someone.

Unit 9

<1> Setting a time and place for an appointment

Less objective: to understand the content of an appointment made with friends for a meeting or gathering.

Vocabulary

아/야 (used after a name when being called)
저희 we
선배 upperclassman or senior
전혀 entirely or not at all
앞으로 from now on or in the future
바로 immediately
벌써 already
너희 you
그래 yes or okay
이가/가 (placed after a name used as a subject of a sentence)
무척 very or extremely
드디어 finally
학기 semester
모이다 to gather
원하다 to want
인턴 intern or internship
사흘 four days
열흘 ten days
닷새 five days
이틀 two days
서른 thirty
살 years or age
씻다 to wash or cleanse

- **Let's listen**

1.

(1) 앞으로 열심히 공부할게요.
I'll study hard from now on.

(2) 학교 끝나면 바로 갈게.
I'll go right when school ends.

(3) 그럼 커피는 내가 살게.
Then I'll buy the coffee.

(4) 죄송해요. 다시는 안 그럴게요.
I'm sorry. I won't do that again.

2.

(1) 가(20대 남자): 나 약속이 있어서 먼저 간다.
A (man in his 20's): I'm leaving first because I have an appointment.
나(20대 여자): 벌써 가니? 잘 가.
B (woman in her 20's): You're already leaving? Good-bye.

(2) 가(50대 어머니): 민철아, 오늘 몇 시에 집에 오니?
A (mother in her 50's): Minchul, what time are you coming home today?

나(20대 아들): 아마 늦게 올 거예요.
B (son in his 20's): I think it'll be late.

(3) 가(40대 남자): 날씨 참 좋다. 우리 오후에 밖에 나갈까?
A (man in his 40's): The weather is so nice. Shall we go outside this afternoon?

나(10대 남자와 여자): 좋아요.
B (teenage boy and girl): Yes, please.

(4) 가(20대 여자): 너희 어디 가니?
A (woman in her 20's): Where are you guys going?

나(20대 남자와 여자): 어? 선배님. 저희 동아리 모임에 가요.
B (man and woman in their 20's): Oh, senior. We are going to our club meeting.

3~4.

존: 윤아야, 이번 주 일요일이 하늘이 생일이야. 알고 있었니?
John: Yuna, it's Hanuel's birthday this Sunday. Did you know that?

윤아: 그래? 몰랐어. 그럼 생일 파티를 해야겠다. 언제가 좋을까?
Yuna: Oh really? I didn't know. Then we should have a birthday party. When is a good time?

존: 나하고 하늘이가 토요일 7시까지 동아리 모임이 있으니까 토요일 저녁에 만나는 게 어때?
John: Haneul and I have a club meeting on Saturday at 7 o'clock so how about we meet on Saturday night?

윤아: 잘 됐다. 나도 토요일 7시에 아르바이트가 끝나. 그럼 토요일 7시 반쯤이 좋겠다. 장소는 내가 찾아볼게.
Yuna: Oh, that's good. My part-time job ends at 7 o'clock on Saturday, too. Then 7:30 on Saturday sounds good. I'll look for a place.

존 : 그래, 그럼 내가 하늘이에게 연락할게.
John: Okay, then I'll give Haneul a call.

5~7.

리타오: 민재야, 나 내일부터 방학이야.
Letao: Minjae, I'm on vacation starting from tomorrow.

정민재: 그래? 뭐 좋은 계획 있니?
Jung Minjae: Really? Do you have any good plans?

리타오: 응, 다음 주에 고향에 돌아갈 거야. 그런데 이번 주말에는 할 일이 없어.
Letao: Yes, I'm going back to my hometown next week. But I don't have anything to do this weekend.

정민재: 그래? 나도 주말에 약속이 없는데 잘됐다. 리타오 너 한강 공원에 가 봤니? 우리 한강에 자전거 타러 갈까?
Jung Minjae: Really? That's good because I don't have any plans this weekend, too. Letao, have you ever been to the Hangang Park? Shall we go ride bicycles at the Han River?

리타오: 좋은 생각이다. 나도 한강 공원에 가 보고 싶었어. 언제 갈까? 토요일 오전에 갈까?
Letao: That's a good idea. I wanted to go to the Hangang Park. When shall we go? Shall we go on Saturday morning?

정민재: 좋아. 토요일 오전 10시에 내가 전화할게. 가는 길이 무척 복잡하니까 학교 앞에서 만나서 같이 가는 게 좋겠다.
Jung Minjae: Sounds good. I'll call you on Saturday morning at 10 o'clock. The way there is quite complicated so it would be good to meet in front of school and go together.

- **Let's read**

Hello, everyone. This is John. The summer vacation is over and finally, the fall semester has begun. The long and hot summer has passed, so let's celebrate the oncoming of the cool fall weather by getting together to have a good time. Please write the time and place you want here.

ㄴ [Yuna: At my part-time job on the weekend] Hello, how are you? I'm busy on the weekends so I can't make it on the weekends.

ㄴ [Juang: I'm so bored.] Long time no see! I'm so bored these days. Any time is good for me.

ㄴ [Hanuel: I'm so busy!] I'm starting my internship next week! I hope to meet you all soon.

ㄴㄴ [John: We have to meet.] Then shall we meet this Friday? Is Friday okay with everyone?

ㄴ [Yuna: At my part-time job on the weekend] Friday is good. How is 6 o'clock in the evening for the time?

ㄴ [Haneul: I'm so busy!] 6 o'clock sounds good! But I can't go very far because I'm so busy. How about we meet in front of school?

ㄴ [John: We have to meet.] Okay. Then let's meet in front of school. But there's no reply from Tao.

ㄴㄴ [Juang: I'm so bored.] I'll give Tao a call.

ㄴ [John: We have to meet] Thanks. Then I'll find out about a restaurant near school and make the reservation. I'll see everyone this Friday at 6 o'clock in front of the school.

<2> Changing an appointment

Lesson objective: to understand the content of an appointment being changed or cancelled.

Vocabulary

사흘 three days
열흘 ten days
닷새 five days
이틀 two days
서른 thirty
살 years old
씻다 to wash
취소 cancellation
연습 practice
축하 celebration or congratulations
지키다 to keep
갑자기 suddenly or unexpectedly
어쩔 수 없다 there is nothing one can do about something
몸 body
일주일 one week
금방 soon or at once

• Let's listen

1.

(1) 손 씻고 밥 먹어라.
Wash your hands and eat your food.

(2) 이번 동아리 모임에 꼭 와라.
You have to come to this club meeting.

(3) 언제 밥 한번 먹자.
Let's grab a meal together.

(4) 앞으로 자주 연락하자.
Let's keep in touch in the future.

2.

저와 제 친구는 지난주에 등산 약속을 했어요. 그런데 그날 비가 와서 그 약속을 취소하게 됐어요. 그래서 우리는 집에서 영화를 봤어요. 영화를 보면서 모르는 단어를 찾으니까 단어 공부를 많이 하게 됐어요. 듣기 연습도 하게 됐고요. 약속이 취소됐지만 영화도 보고 한국어 공부도 하게 돼서 좋았어요.

My friend and I made an appointment to go hiking together last week. But that appointment was cancelled because it rained on that day. That is why we watched a movie at my house. We discovered a lot of words we didn't know while watching the movie so we ended up studying a lot of words. It was also a time to practice our listening. Even though the appointment was cancelled, it was fun because we watched a movie and studied Korean.

3~4. (on the phone)

윤아: 존, 오늘 하늘이 생일 파티에 늦을 것 같아.
Yuna: John, I think I'll be late to Haneul's birthday party today.

존 : 왜? 윤아야, 무슨 일 있어?
John: Why? Yuna, is something wrong?

윤아: 아르바이트하는 가게에 급한 일이 생겨서 한 시간 더 일하게 됐어.
Yuna: Something suddenly came up at my part-time job so I had to work an extra hour.

존: 그래? 알았어. 늦어도 되니까 꼭 와라. 생일 축하는 같이 하자.
John: Really? Okay, then. It's alright even if you're late so just come. Let's celebrate his birthday together.

윤아: 고마워. 조금만 기다려 줘. 빨리 갈게.
Yuna: Thanks. Just wait a little. I'll be right there.

5~7.

흐엉: 정민아, 미안하지만 이번 주 주말 약속을 못 지킬 것 같아.
Huang: Jungmin, I'm sorry but I don't think I'll be able to keep our appointment for this weekend.

정민: 흐엉아, 무슨 일이야?
Jungmin: Huang, is something wrong?

흐엉: 아버지께서 회사 일 때문에 갑자기 한국에 출장을 오시게 됐어. 아버지께서 한국에 처음 오시니까 내가 아버지를 도와 드려야 할 것 같아.
Huang: My father came to Korea on a business trip all of a sudden because of his work. It's his first time in Korea so I think I have to help him.

정민: 어쩔 수 없지 뭐. 아버지께서는 한국에 며칠 동안 계셔?
Jungmin: I guess there's nothing you can do about that. How many days is your father in Korea?

흐엉: 열흘쯤 계실 거야. 아버지께서 고향에 돌아가신 후에 만나자. 내가 다시 연락할게.
Huang: He'll be here about ten days. Let's meet after my father returns to his hometown. I'll call you back again.

정민: 그래, 그럼 시간 될 때 연락해라. 연락 기다릴게.
Jungmin: Okay, then. Give me a call when you have time. I'll wait for your call.

• Let's read

Tao, why aren't you answering your phone? Please answer your calls. The boardinghouse picnic planned for tomorrow is cancelled. We are not able to go because the boardinghouse owner isn't feeling well. Give me a call if you're feeling bored. Let's play a game of basketball.
Your big brother next door

Juang, this is your grandmother. I'm leaving some side dishes for you so eat it well. The weather is hot these days so eat the fish dish quickly because it will go bad soon. You know that your aunt's housewarming party has been postponed, right? Something came up with her family so we'll have it after one week. I'll see you then. I love you, my grandson.

Hello, Eric. This is Jintae Kim from the World

Trade Company. I've tried calling you several times but couldn't get through so I'm leaving you a text message. Something came up so I have to go on a last minute business trip tomorrow. Is it possible to postpone our Tuesday appointment for four days? I'm very sorry. Please contact me when you get this message.

Unit 10

<1> Asking a favor to your friend

Lesson objective: to understand the content when asking and receiving a personal favor.

Vocabulary

부탁을 하다 to ask a favor or make a request
부탁이 있다 to have a request
부탁을 받다 be asked a favor or receive a request
부탁을 들어주다 to do a favor or fulfill a request
입국 entry into a country or immigration
고장 나다 to break
그대로 as it is
문화 culture
설명 explanation
사이 between
서비스 센터 service center
동양 Oriental
적다 to write
걱정하다 to worry

- **Let's listen**

1.

(1) 나 부탁이 있어. 이 문법을 잘 모르겠는데 좀 가르쳐 줄래?
I have a request. I don't understand this grammar. Can you teach me?

(2) 부탁 좀 해도 될까? 빨리 서류를 끝내야 하는데 시간이 없네. 좀 도와줄래?
May I ask a favor? I need to hurry and finish these documents but I don't have time. Can you help me?

(3) 너무 말을 빨리 해서 못 들었어요. 천천히 말해 줄래요?
I couldn't hear you because you were talking too fast. Can you speak slowly, please?

(4) 입국 날짜를 안 쓰셨어요. 날짜 좀 써 주실래요?
You didn't write the date you entered the country. Can you write the date, please?

2.

(1) 가: 좀 추운데 에어컨을 잠깐 껐다가 켜도 될까?
A: I'm feeling a little cold so can I turn off the air condition for a while and then turn it back on?
나: 그래, 다른 친구들도 추워하는 것 같아.
B: Sure, I think others are feeling cold as well.

(2) 가: 다리가 좀 아픈데 10분만 쉬었다가 갈래?
A: My legs hurt a little so do you want to rest for about ten minutes and then go?
나: 비가 올 것 같으니까 빨리 가자.
B: I think it's going to rain so let's go in a hurry.

(3) 가: 여보세요. 주앙아, 나 유키야. 나 급한 일이 생겨서 고향에 갔다가 올 건데 선생님께 말씀드려 줄래?
A: Hello? Juang, it's me, Yuki. Something came up all of a sudden so I have to go to my hometown and return. Can you please tell the teacher for me?
나: 그래 내가 잘 말씀 드릴게.
B: Yes, I'll be sure to let her know.

(4) 가: 교실 공기가 좀 나쁘네. 창문 좀 열었다가 닫아도 될까?
A: The air in the classroom is quite bad. May I open the window for a while and then close it?
나: 응. 그렇게 해.
B: Yes, go ahead and do that.

3~4.

에릭: 우진 씨, 부탁이 있는데 내일 노트북 좀 빌려줄래요? 회의할 때 써야 해서요.
Eric: Woojin, I have a request. May I borrow your notebook? I need it for a meeting.
우진: 에릭 씨도 노트북이 있는데 왜요? 고장 났어요?
Woojin: Don't you have a notebook, Eric? Is it broken?
에릭: 잘 모르겠어요. 노트북이 좀 이상해서 서비스 센터에 갔다가 왔는데 그대로네요. 직원이 설명을 해줬는데 한국말로 빨리 말해서 이해하지 못했어요.
Eric: I'm not sure. I felt something wrong with the notebook so I took it to the service center but it's just the same. The worker explained it to me but I couldn't understand because he was speaking so fast in Korean.
우진: 그래요. 잘 쓰고 천천히 주세요.
Woojin: Okay, then. Use it well and take your time to return it.

5~7.

존: 윤아야, 미안한테 내 부탁 좀 들어줄래?
John: Yuna, I'm sorry but can you do me a favor?
윤아: 존, 무슨 부탁이야? 어려운 부탁이 아니면 들어줄게.
Yuna: John, what's your request? I'll do it for you if it's not too hard.
존: 지난번 동양문화사 수업 때 교수님 말씀도 빠르고 칠판에 수업 내용을 썼다가 빨리 지우셔서 적지 못했어. 너무 어려워서 이해하지도 못했고. 시간 있으면 설명 좀 해 줄 수 있어? 공책도 빌려줬으면 좋겠다.
John: During the last Oriental Cultural History Class, the professor spoke so fast and quickly erased what he wrote on the board that I couldn't write it down. It was so difficult that I couldn't understand at all. Can you explain it to me if you have time? And I'd like it if I could borrow your notes as well.
윤아: 어떻게 하지? 나 그날 친한 친구가 고향에 돌아가는 날이어서 공항에 다녀왔어.

Yuna: Oh no! My close friend was leaving for her hometown that day so I went to the airport and came back.

존: 그래서 그날 내가 널 찾아봤는데 없었구나. 그럼 하늘이한테 한번 물어봐야겠다.

John: That's why you weren't there when I was looking for you on that day. Then I'll try asking Haneul.

윤아: 그게 좋겠다. 부탁을 들어주지 못해서 미안해.

Yuna: That would be good. I'm sorry I couldn't fulfill your request.

• Let's read

Have you ever made a request to a friend? Have you ever received a request from a friend? What do you say during those times?
What do you do when you are sitting in your seat and you want to change seats with someone because you feel cold because of the air conditioner? "I'm sorry but do you think I can switch seats with you? It's because I'm feeling cold." "I have a favor to ask but can you do it? Can we switch seats?"
Although saying the words may be easy, it's very difficult to ask for favors from close friends. If you made the request and your friend didn't do it, you might feel bad. People do not make sincere requests and only worry because they think their friends won't do what they ask.
If you make your request with a good explanation, good friends will do what you asked. And when the person receiving the request cannot do what you asked because the situation is difficult, don't be troubled with the answer of 'no.' If your friend doesn't fulfill your request, don't feel so bad. Don't consider it difficult asking for favors between friends.

<2> Making a request at the office

Lesson objective: to understand the content of a request made to strangers or at public institutions.

Vocabulary

실례하다 excuse me
저기 excuse me
음 um
어 uh
자 okay
저 well
아 ah
체크 카드 debit card
신분증 identification card
글쎄요 well, let me see
연장하다 to extend or prolong
출입국 관리 사무소 Immigration Office
서류 document
재학 증명서 certificate of student registration
뵙다 to meet (used when meeting people above you)
퇴근하다 to leave one's office or get off from work
신청 registration
지나가다 to go past
음성 안내기 voice guide

• Let's listen

1.

(1) 저, 실례합니다만 이 선생님 좀 바꿔 주시겠어요?
Um, excuse me but may I speak to the teacher?

(2) 미안합니다만 그날 다른 약속이 있어서요.
I'm sorry but I have another appointment on that day.

(3) 저기, 죄송합니다만 관리비를 어떻게 내는지 좀 알려 주시겠어요?
Excuse me but can you tell me how I should pay for the maintenance fees?

(4) 감사합니다만 다음 역에서 내립니다.
Thank you but I'm getting off at the next station.

2.

가: 저, 유키 씨, 은행이 어디에 있는지 알아요?
A: Excuse me, Yuki, but do you know where the bank is?

나: 학생회관 안에 있어요.
B: It's inside the Student Hall.

가: 아, 그렇군요. 체크 카드를 만들려고 하는데 뭐가 필요한지 알아요?
A: Oh, I see. I'm planning on making a debit card but do you know what I need?

나: 신분증이 필요해요.
B: You need your identification card.

가: 그럼 체크 카드를 만들 때 시간이 얼마나 걸리는지 알아요?
A: Do you know how long it takes to make a debit card?

나: 글쎄요, 저도 안 만들어 봐서 잘 모르겠어요. 은행 직원에게 한번 물어 보세요.
B: Well, I'm not sure because I haven't made one before. Try asking the bank clerk.

가: 그런데 은행이 몇 시에 문을 닫는지 알아요?
A: But do you know what time the bank closes?

나: 음, 요즘 몇 시에 문을 닫는지 잘 모르겠네요.
B: Um, I'm not sure what time the bank closes these days.

3~4.

리타오: 저, 실례합니다만 비자를 연장하려고 하는데 출입국관리사무소가 어디에 있는지 아세요?

Letao: Um, excuse me. I'm trying to extend my visa but do you know where the immigration office is?

사무실 직원: 지하철 5호선 오목교역에서 내려서 한 20분쯤 걸어가면 됩니다. 지도를 보고 찾아가세요. 인터넷으로 예약하면 금방 끝나니까 미리 예약

하세요. 필요한 서류는 모두 준비하셨습니까?

Office worker: You get off at Omokgyo Station from the Subway Line 5 and walk about 20 minutes. Find your way by looking at the map. You can be done quickly if you make your appointment through the internet. Have you prepared all the necessary documents?

리타오: 아, 재학 증명서가 없는데 한 장 부탁드립니다. 제 이름은 리타오입니다.

Letao: Oh, I don't have my certificate of student registration so may I have one, please? My name is Letao.

사무실 직원: 네, 잠시만 기다리세요.

Office worker: Yes, please wait a minute.

5~7.

노라: 저기, 최 과장님을 뵈러 왔는데 자리가 어디인지 아세요? 어제 과장님과 전화한 학생입니다. 아르바이트 때문에 오늘 만날 약속을 했습니다.

Nora: Excuse me. I've come to see Mr. Choi, the head of the department. Do you know where his desk is? I'm the student who spoke to him on the phone yesterday. We made an appointment today because of a part-time job.

사무실 직원: 최 과장님은 오늘 다른 회사에서 회의가 있어서 나가셨는데 거기에서 바로 퇴근하실 거예요.

Office worker: Mr. Choi had a meeting with another company today so he left the office. He will be getting off work directly from that place.

노라: 아, 제가 너무 늦게 왔군요. 그럼 죄송합니다만 이 아르바이트 신청 서류 좀 과장님께 전해 주실 수 있으세요? 제가 내일은 수업 때문에 다시 올 수 없을 것 같아서요.

Nora: Oh, I see that I've come too late. I'm sorry, but could you please give this part-time job application to Mr. Choi for me? I don't think I can come again because I have class tomorrow.

사무실 직원: 네, 서류는 저한테 주십시오. 여기에 성함과 전화번호를 남겨 주시겠어요?

Office worker: Yes, you can give me your application. Can you leave your name and phone number over here?

노라: 여기 있습니다. 좀 부탁드리겠습니다.

Nora: Here it is. I'll just ask you for this favor.

• **Let's read**

I returned from visiting the National Museum of Korea for the first time since I came to Korea. I got off at Ichon Station of the Subway Line 4 but didn't know where to exit so I asked a man passing by for directions.
"Um, excuse me. I'm trying to go to the National Museum but do you know which exit I must take to get there?" The man kindly taught me where to go so I was able to easily find it. I went into the National Museum for free without paying any money. I wanted to listen carefully to the explanations while touring the museum so I went to borrow a foreign language voice guide.
"Excuse me, but I'd like to borrow an English voice guide. What should I do?"
"You can borrow one if you hand in your ID card and 3,000 won."
I slowly walked around the museum while listening to the explanations through the voice guide so it was easy to understand and really fun. Yuki is really interested in Korean history so I think I'll go again with her. The next time I visit the museum, I want to sign up for a tour guide so I can listen to the explanations in person and tour the museum.

Unit 9 - Unit 10 Review

Unit 9 – Unit 10 Vocabulary

내다 to turn in
역시 also
순서 order
끝내다 to end or finish

I. Read the following and answer the questions.

November 5 Tuesday, clear skies
Something came up suddenly at my newspaper company so I have to go on a business trip to Japan starting tomorrow for four days. But I have a presentation at school in two days.
So when my director told me about the business trip I made my request.
"Um, Director, I'm sorry, but will it be okay if someone else goes?"
My director did not grant my request.
"Yuki, I know it's difficult for you but you must be the one to go on this trip this time."
I'm not sure what I need to do at times like this.
Should I change the date for the school presentation? If I turn in a document about my business trip to my teacher, will she change my presentation date? Will it be okay to change dates with a friend? Will I have to take Level 2 again if I can't do my presentation? It really is difficult having a job and studying at the same time.

II. Listen to the dialogue and answer the questions.

유키: 저기… 노라야, 부탁이 있는데 들어줄 수 있니?

Yuki: Excuse me, Nora. Would you do me a favor?

노라: 어… 유키 언니, 부탁이 뭐예요?

Nora: Um, Yuki, what's the favor?

유키: 우리 신문사에 급한 일이 생겨서 사흘 동안 출장을 가게 됐어. 이틀 후가 내 발표 날인데 발표 순서 좀 바꿔 줄래?

Yuki: Something came up all of a sudden at my newspaper company and I have to go on a business trip for four days. My presentation is in two days but can I switch the presentation order with you?

노라: 글쎄요, 이틀 후면 너무 빠르네요.

Nora: Well, let's see. It's a bit too early if it's in two days.

유키: 갑자기 이런 부탁을 해서 정말 미안하다.

Yuki: I'm really sorry to ask you this all of a sudden.

노라 : 음, 알겠어요. 어쩔 수 없죠 뭐.

Nora: Um, alright. I guess there's nothing we can do about it.

유키: 정말 고마워. 출장 갔다가 와서 네가 보고 싶어한 영화 보여 줄게. 이번 주 토요일 저녁에 시간 있니? 그날 영화 보자.

Yuki: Thanks so much. I'll take you out for any movie you wanted to watch when I come back from my trip. Do you have time this Saturday evening? Let's watch a movie on that day.

노라: 토요일 저녁이요? 네, 좋아요.

Nora: Saturday evening? Okay, sounds good.

유키: 진짜 고맙다. 토요일 저녁에 다른 약속하지 마라. 그 날 보자.

Yuki: Thank you so much. Don't make any other plans on Saturday evening. I'll see you then.

Korean Culture: Popular Locations for Meeting Appointments

Where are the popular places for making an appointment to meet people in Seoul? The five most popular places searched on the internet to make appointments to meet people are Hongdae, Gangnam station, Apgujeong, Garosugil, and Itaewon. Among these places, Hongdae is number one and many young people go there because of the good restaurants, cafes with a nice atmosphere, stylish clothes stores, fun clubs and bars, and various street performances like busking. You get a more elegant atmosphere in places like Gangnam station, Apgujeong, and Garosugil. Itaewon is the place you can experience the various cultures of different countries.